오늘부터
**초등
지식왕**

어린이가 꼭 알아야 할 100가지 신문 기사
오늘부터 초등 지식왕

초판 1쇄 발행 2023년 12월 12일
초판 9쇄 발행 2025년 1월 15일

지은이 최선민
펴낸이 김선식, 이주화

콘텐츠 개발팀 이동현, 임지연
콘텐츠 마케팅팀 안주희
책임편집 한귀숙 **디자인** 조수정

펴낸곳 ㈜클랩북스 **출판등록** 2022년 5월 12일 제2022-000129호
주소 서울시 마포구 어울마당로3길 5, 201호
전화 02-332-5246 **팩스** 0504-255-5246
이메일 clab22@clabbooks.com
인스타그램 instagram.com/clabbooks
페이스북 facebook.com/clabbooks

ISBN 979-11-984285-4-7 74700
      979-11-93941-11-9 (세트)

- 클랩북스는 다산북스의 임프린트입니다.
- 책값은 뒤표지에 있습니다.
- 파본은 구입하신 서점에서 교환해드립니다.
- 이 책은 저작권법에 의하여 보호를 받는 저작물이므로 무단 전재와 복제를 금합니다.

> ㈜클랩북스는 독자 여러분의 책에 관한 아이디어와 원고 투고를 기다리고 있습니다.
> 책 출간을 원하시는 분은 이메일 clab22@clabbooks.com으로 간단한 개요와 취지, 연락처 등을 보내주세요.
> '지혜가 되는 이야기의 시작, 클랩북스'와 함께 꿈을 이루세요.

어린이가 꼭 알아야 할 100가지 신문 기사

오늘부터 초등 지식왕

최선민 지음

유튜브 혼공TV
혼공샘 추천
교과 연계 기사로
생각 주머니가 커지는
마법 같은 책!

초등 최신
교육 과정
과목별 필수 단어
500개 수록

클랩북스

차례

- 이 책의 구성과 특징   8
- 작가의 말   10

입문편

- 엄마 아들로 태어나 줘서 너무 행복하고 고마웠어   14
- 내가 본 뉴스가 가짜 뉴스라고?   16
- 예술 작품을 쨍그랑 깨뜨려 버린 유치원생   18
- 노 키즈 존, 자유일까? 역차별일까?   20
- 900원과 초등학생의 쪽지, 그리고 사장님의 눈물   22
- 더불어 사는 세상, 베어베터   24
- "엄마 속상해서 빵 샀어!" 나의 MBTI는 과연…   26
- 이제는 K-클래식의 시대!   28
- 우크라이나의 크리스마스는 1월 7일이었다고?   30
- 갑자기 부는 선선한 바람, 처서 매직   32

초급편

- 먹태깡은 언제쯤 다시 들어오나요?   36
- 밀가루가 아닌 가루 쌀로 초코 케이크를 만들었다고?   38
- 눈앞에서 놓치고 만 금메달, 웃을 수 없는 은메달리스트의 사연   40
- 최저 시급보다 석은 9급 공무원 월급   42
- 영화 스트리밍 시대를 연 넷플릭스, 리드 헤이스팅스   44
- '심심한' 사과를 드립니다   46
- 동물 학대 결사 반대! 비건 패션으로 패셔니스타 되기   48
- 어디로든 드론이 간다!   50
- 미세 플라스틱이 자폐 스펙트럼 장애의 원인이라니!   52
- 뻐꾸기의 알 바꿔치기   54

- 설날 용돈은 얼마를 주고, 얼마를 받아야 할까? 56
- 세기의 장난감, 레고 58
- 우리 집은 하루에 얼마나 먹을까? 60
- 세상에서 가장 비싼 도시에 사는 캥거루족 62
- "셀프 계산대를 이용해 주세요!" 키오스크가 무서운 노인들 64
- 반려동물도 학교를 다닌다고요? 66
- 다문화 가족으로 이뤄진 '다울림 봉사단' 68
- 푸바오랑 강바오 할아버지가 쭉 같이 있게 해 주면 안 돼요? 70

중급편

- 의대를 가장 많이 보내는 '서울대학교' 74
- 미술대회 대상의 주인공이 AI라면? 76
- 우후죽순 늘어나는 무인점포, 화재 사고의 사각지대가 되다! 78
- 투명 인간, 현실화될까? 80
- 아름다운 불꽃놀이, 아름답지 못한 뒷모습 82
- 한국어 열풍이 불다! 84
- 제주도에 입도세를 내라고요? 86
- 여행의 성지, 하와이가 분화되다! 그렇다면 백두산도 폭발할까? 88
- 방사능 오염수는 안전하다! vs 오염수는 오염수! 90
- 히잡은 꼭 써야 하나요? 92
- 꿈을 현실로 만드는, 일론 머스크 94
- '마약'이라는 단어, 빼 주세요 96
- 선생님과 학생이 함께 행복한 교실을 만들어 주세요! 98
- 라켓 부숴 던지고 악수마저 거부한 테니스 선수 100
- 가전제품의 국산화를 이룩한 LG그룹 구인회 102
- 시골의 작은 마을에서 키우고, 도시의 거리에서 팔아요 104
- 이윤보다 환경을 중시하는 파타고니아 106
- 암표는 불법인데 레고를 되파는 건 합법이라고? 108
- 욜로보다 거지방 110
- 친환경 배송 수단의 혁명, 야쿠르트 카트 112

- 중고 거래로 환경을 보호하다!　　　　　　　　　　114
- 투자의 귀재, 워렌 버핏　　　　　　　　　　　　　116
- 세상의 모든 정보, 구글　　　　　　　　　　　　　118
- 한국이 곧 소멸될 거라고요!?　　　　　　　　　　120
- "학교가 끝나면 학원이나 공부방으로 가야 해요"　122
- 애국 소비보다 아이폰! 중국의 변함없는 아이폰 사랑　124

상급편

- 담배에 세금을 붙이는 건 정당한 일일까?　　　　128
- 자율 주행 자동차와 트롤리의 딜레마　　　　　　130
- 우리 집에서 자고 갈래? 에어비앤비　　　　　　　132
- 네이마르의 경기를 보려면 파리가 아닌 사우디아라비아로!　134
- 이제부터는 생일이 지나야 나이를 먹을 수 있어요　136
- 혁신의 아이콘, 스티브 잡스　　　　　　　　　　138
- 쇼핑업계의 큰 손, '욜드족'을 잡아라　　　　　　140
- 학교 폭력이 발각되면 대학에도 갈 수가 없어요!　142
- 경찰도 쉬쉬하는 가해자의 신상을 알려드립니다　144
- 사형 제도는 부활해야 할까?　　　　　　　　　　146
- 고요한 택시, 고요한 M　　　　　　　　　　　　148
- 세계 최초로 달의 남극에 착륙한 인도　　　　　　150
- 다누리가 촬영한 달의 뒷면　　　　　　　　　　　152
- 유클리드 망원경이 우주로 날아가다　　　　　　　154
- BTS도 군대 간다! 병역 특례는 누가 받을 수 있을까?　156
- 챗 GPT로 과세를 대빌한 대학생들　　　　　　　158
- 초봄인데 39도라니!　　　　　　　　　　　　　　160
- 생물종이 작아지고 인류세가 시작되다　　　　　　162

고급편

- 단돈 천 원으로 무엇을 살 수 있나요?　　　　　　166

- 컴퓨터의 황제, 빌 게이츠　　168
- 국민의 대표는 우리 손으로 뽑아요　　170
- 헌법을 공포한 제헌절이 언제인지 알고 있나요?　　172
- 서울이 외국의 영화나 드라마에 나온다고요?　　174
- 매 vs 비둘기, 당신의 선택은?　　176
- 천국의 김밥이 지옥의 김밥으로 변한 이유는?　　178
- 일본 돈의 가치가 흔들흔들, 일본으로 여행을 떠나요!　　180
- 거북선을 만든 이순신의 후예, 조선업 슈퍼 사이클 온다　　182
- 수수하면서도 귀티나게, 올드머니룩이 뜬다　　184
- 인도에 가뭄이 들면 탕후루 가격이 오른다?　　186
- IMF의 구제 금융 지원을 받으면 어떻게 되나요?　　188
- 이봐, 해 봤어? 현대그룹 창업자 정주영　　190
- 미래를 내다보는 눈, 삼성그룹 이건희　　192
- 안 쓰는 전기 플러그는 꼭 뽑아 주세요　　194
- 영화보다 팝콘이 더 매력적이라면, '콩코드의 오류'를 떠올려요　　196
- 한 발로 달리는 전동 킥보드, 아무나 타도 되는 걸까?　　198
- 놀이공원 패스트트랙은 공정한 걸까?　　200
- 초등학생도 의무적으로 시험을 봐야 한다고요!?!?　　202
- 조리부터 배달에 이르기까지, 푸드테크는 대체 어디까지인가?　　204
- 미국에서 냉동 김밥이 불티나게 팔린다고?　　206
- 인도는 바라트, 터키는 튀르키예 나라 이름도 개명이 되나요?　　208
- 서울 하늘이 뚫렸다! 북한에서 날아온 무인기　　210
- 지구 온난화가 가고 열대화 시대가 도래하다　　212
- 뚜껑이 열리면 라벨이 떨어지는 페트병　　214
- 플라스틱 빨대 대신 종이 빨대를 드립니다　　216
- 에베레스트에서 속속 발견되는 의문의 시신들　　218
- 유엔 안보리 비상임 이사국, 대한민국　　220

- 부록 1. 기사별 초등 개정 교과 과정　　222
- 부록 2. 초등 개정 교과 과정 필수 단어　　226

이 책의 구성과 특징

이 책은 초등학생이라면 학교 수업 중에 들어 봤던 단어와 문장으로 재구성한 신문 기사입니다. 각 기사를 주제별로 구분하지 않은 이유는, 아이들이 스스로 기사의 카테고리를 구분해 보고 능동적으로 신문 읽기를 바랐기 때문입니다. 이 책이 아이들의 지식과 상식을 높여 주기를 바랍니다.

다양한 주제의 기사는 아이들이 객관적으로 세상을 바라볼 수 있게끔 비판적 사고와 수용적 태도를 길러 줍니다.

<단어 깊이 알아보기>는 '초등 개정 교과 과정별 필수 단어'의 활용을 통해 단어의 뜻을 확실하게 이해할 수 있도록 도와줍니다.

<기사 깊이 알아보기>는 기사를 읽고 자신의 생각을 풀어 볼 수 있도록 유도하는 질문으로 구성합니다.

초등학생이라면 꼭 알아야 할, '초등 개정 교과 과정 필수 단어'가 500여 개 소개됩니다.

<여기서 잠깐, 상식 노트>는 기사 안에서 구체적으로 소개가 되지 않았던 용어나 국제기구, 단체 등을 소개하여 상식의 폭을 넓혀 줍니다.

<어떤 주제일까요?>는 기사를 읽은 아이들이 스스로 기사 섹션을 구분 짓도록 합니다.
과연 이 기사는 경제 면일까요? 사회 면일까요? 아니면 과학 면에 들어가는 것이 어울릴까요?

각각의 신문 기사는 학년별 교과와 연계하여 소개합니다.
쑥쑥 자라는 지식의 양만큼 학교 공부가 수월해질 거예요!

교과 연계

학년 구분	소제목	교과 구분
1학년	엄마 아들을 태어나 줘서 너무 행복하고 고마웠어	1-1 여름 1. 우리는 가족입니다
	내가 본 뉴스가 가짜 뉴스라고?	1-2 국어 7. 무엇이 중요할까요
	예술 작품을 찢고랄 테드게 비친 유치원생	1-2 국어 8. 다른 사람을 생각해요
2학년	노키즈 존, 자유일까? 역차별일까?	2-1 국어 10. 다른 사람을 생각해요
	900원과 초등학생의 목지, 그리고 사장님의 눈물	2-2 국어 10. 칭찬하는 말을 주고받아요
	더불어 사는 세상, 베어에터	2-2 국어 4. 인물의 마음을 짐작해요
	"엄마, 속상해서 방 삼이야" 나의 MBTI는 과연...	2-2 국어 6. 자세하게 소개해요
	이게론 K-클래식의 시대	2-2 국어 6. 자세하게 소개해요
	우크라이나의 크리스마스는 "월 7일이라고?"	2-2 국어 6. 자세하게 소개해요
	갑자기 부는 선선한 바람, 혹시 매직	2-2 여름 2. 초록이의 여름맞이
3학년	역대왕은 언제 다시 돌아오나요?	3-1 국어 8. 일이 일어난 까닭
	밀가루가 아닌 가루 쌀로 초코 케이크를 만들었다고?	3-1 국어 8. 일이 일어난 까닭
	눈앞에서 놓치고 만 금메달, 웃음 수 없는 훈매달리스트의 사연	3-1 국어 8. 일이 일어난 까닭
	회사 시급보다 적은 9급 공무원 월급	3-1 국어 8. 일이 일어난 까닭
	영화 스트리밍 시대를 연 넷플릭스, 리드 헤이스팅스	3-1 국어 8. 일이 일어난 까닭
	'심상한' 사과를 드립니다	3-1 국어 7. 반갑다, 국어사전
	동물 학대 같아 반대 비건 패션으로 패셔니스타가 되다	3-1 국어 8. 의견 있어요
	어디로든 드론이 간다	3-1 사회 2. 교통과 통신 수단의 변화
	미세 플라스틱이 지뢰 스폰지의 원인이라니!	3-1 과학 1. 물질의 성질
	버루기일 알 바뀌기?	3-1 과학 2. 동물의 한살이
	살될 용돈은 얼마를 주고, 얼마를 받아야 할까?	3-2 국어 3. 자신의 경험을 글로 써요
	세기의 앙숙간, 레고	3-2 국어 3. 자신의 경험을 글로 써요
	우리 집은 하루에 얼마나 먹을까?	3-2 사회 1. 환경에 따라 다른 삶의 모습
	세상에서 가장 비싼 도시에 사는 뗑거루족	3-2 사회 1. 환경에 따라 다른 삶의 모습
	"윤석 계산대를 이용해 주세요" 피오스의 무서운 노인돌	3-2 사회 2. 시대마다 다른 삶의 모습
	반려동물도 학교를 다닌다고요?	3-2 사회 3. 가족의 형태와 역할 변화
	다운한 가족으로 이뤄진 드릴림 동사단	3-2 사회 3. 가족의 형태와 역할 변화
	후비요함 강바신 할아버지가 꼭 갖이 있게 해 주면 안 될까?	3-2 과학 2. 동물의 생활
4학년	외대를 가장 많이 보내는 '서울대학교'	4-1 국어 4. 일에 대한 의견
	미술대회 대상의 주인공이 AI라면?	4-1 국어 4. 일에 대한 의견
	무더위는 늘어나는 무진장로, 회차 사고의 사각지대가 되다	4-1 국어 8. 이런 제안 어때요
	투명 인간, 현실화될까?	4-1 국어 8. 이런 제안 어때요
	아름다운 물꽃놀이, 아름답지 못한 뒷모습	4-1 국어 8. 이런 제안 어때요?
	한국어 영광이 불다!	4-1 국어 9. 자랑스러운 한글
	제주도에 입도세를 내야고요?	4-1 사회 3. 지역의 공공기관과 주민 참여
	여행의 설지, 하와이가 문화되다고 그렇다면 베뚜산도 독일활까?	4-2 국어 4. 이야기 속 세상
	방사능 오염수는 안전하다VS. 오염수는 위험수	4-2 과학 6. 물의 여행
	하갑은 꼭 씨야 하나요?	4-2 국어 1. 이어질 장면을 생각해요
	웃음 현실로 만든다, 알픈 머스크	4-2 국어 1. 이어질 장면을 생각해요
	'마약'이라는 단어, 빼주세요	4-2 국어 2. 마음을 전하는 글을 써요
	'선생님과 함께 행복한 교실을 만들어 주세요'	4-2 국어 2. 마음을 전하는 글을 써요
	라벤 부서 먼지고 막수라면 거부한 테니스 선수	4-2 국어 6. 바르고 공손하게
	가전제품의 국산화를 이룩한 LG그룹 구인회	4-2 국어 6. 본받고 싶은 인물을 찾아봐요
	시골의 작은 마을에서 키우고, 도시의 거리에서 팔아요	4-2 사회 1. 촌락과 도시의 생활 모습
	이윤보다 환경을 중시하는 파타고니아	4-2 사회 2. 필요한 것의 생산과 교환
	묘포는 활발인데 레고를 비싸는 건 합법이라고?	4-2 사회 2. 필요한 것의 생산과 교환
	물보다 거지때	4-2 사회 2. 필요한 것의 생산과 교환
	친환경 배출 수단의 학평, 아무트로 카드	4-2 사회 2. 필요한 것의 생산과 교환
	중고 거래로 환경을 보호하자	4-2 사회 2. 필요한 것의 생산과 교환
	투자의 귀자, 위렌 버핏	4-2 사회 2. 필요한 것의 생산과 교환
	세상이 모든 정보, 구글	4-2 사회 3. 사회 변화와 문화의 다양성
	한국이 좋아 소음별 거라고요?	4-2 사회 3. 사회 변화와 문화의 다양성
	"학교가 끝나면 학원이나 공부방으로 가야 해요"	4-2 사회 3. 사회 변화와 문화의 다양성
	애국 소비에는 아이돌 종국의 변화된 아이둘 사랑	4-2 사회 3. 사회 변화와 문화의 다양성
5학년	당배의 세금을 올리는 건 정당한 일일까?	5-1 국어 5. 글쓴이의 주장
	자율 주행 자동차와 트롤리의 달레마	5-1 국어 6. 토의하여 해결해요
	우리 집에서 자고 갈래? 에어비앤비	5-1 국어 7. 기행문을 써요
	네이마르의 경기를 보러 온 이번 파리가 사우디아라비아로!	5-1 국어 8. 아는 것과 새롭게 안 것
	이제부터는 생일이 지나야 나이를 먹을 수 있어요	5-1 국어 8. 아는 것과 새롭게 안 것
	획신의 아이콘, 스티브 잡스	5-1 국어 8. 아는 것과 새롭게 안 것
	쇼핑일처럼 큰은, 첼도동과 골이야	5-1 사회 1. 국토와 우리 생활
	학교 폭력이 밝히보면 대책에도 갈 수가 없어요	5-1 사회 2. 인권 존중과 정의로운 사회
	경찰도 아이러한 가해자의 신상을 알려드립니다	5-1 사회 2. 인권 존중과 정의로운 사회

일러두기

* 이 책의 기사는 2023년도 신문 기사와 텔레비전 영상 뉴스를 토대로 재구성했습니다.
* 이 책에 소개된 단어의 뜻풀이를 비롯하여 외래어, 지명, 연도는 국립국어원의 표준국어대사전을 참고하였습니다.
* 이 책에 삽입된 사진은 셔터스톡에서 구매한 사진 혹은 위키미디어와 픽사베이 및 무료 사진 사이트를 통해 제공받았습니다. 따라서 저작권상의 문제가 없는 사진들이며, 출처가 확고한 사진에 대해서는 각 항목별로 표기해 두었습니다.

작가의 말

"선생님, 왜 공부를 해야 되나요?"

종종 아이들에게 이런 질문을 받습니다. 공부가 아이들 삶에서 유용하고 쓸모 있는 지식으로 와 닿지 않기 때문입니다. 공부를 재미없어 하는 학생들은 학교 수업 중에 배운 것이 우리 일상에서 어떻게 적용되는지 이해하지 못합니다. 반면, 공부가 재미있는 아이들은 내가 배운 것이 일상생활에서 실용적으로 사용되는 것을 깨닫고, 누가 강요하지 않아도 스스로 더 공부하려고 합니다. 지난 14년 동안 수많은 아이들을 지켜보면서 공부를 잘하고 좋아하는 아이들은 배경지식이 풍부하고 문해력이 뛰어나다는 공통점을 발견했습니다. 여행을 가 보면 '아는 만큼 보인다'는 말이 실감되지요. 여행지에 대한 배경지식이 많을수록 여행이 한층 더 풍성해집니다. 이렇듯 일상 속 배경지식을 확장하면 세상을 보는 시야가 넓어지고, 탐구 욕구가 샘솟습니다. 그리고 일상의 배경지식을 기르는 데에 '신문'만 한 건 없답니다. 신문은 우리의 일상을 담은 가장 생동감 넘치는 '정보글'이니까요.

글을 읽는 걸 좋아하는 사람이든 그렇지 않은 사람이든 우리는 일상 속에서 글을 읽으며 살아가게 됩니다. 글 읽기를 싫어하는 사람이라도, 문학 작품은 눈길조차 주지 않는 사람이라도, 밀려드는 각종 안내문이나 정보성 글을 읽지 않고는 살아갈 수 없으니까요.

최근 교육계의 화두인 '문해력' 역시 정보성 글 읽기를 제대로 하지 못해 발생하는 의사소통 문제에서 출발하는데, 신문 읽기는 다양한 종류의 정보글을 읽음으로써 자연스럽게 지식을 확장하고 문해력을 기를 수 있게 합니다. 기사의 맥락을 파악하고 단어의 뜻을 짐작하다 보면 어휘력도 기를 수 있지요. 찬반으로 의견이 나뉘는 기사를 통해 사고력과 논리력이 향상되는 것은 두말할 것도 없습니다.

신문을 꾸준히 읽다 보면 재미가 없는 기사도 있고, 더 자세히 알고 싶은 기사도 있습니다. 내가 관심 있게 살펴보고 재미있었던 기사들이 유독 비슷한 카테고리의 기사라면 그것이 나의 흥미 분야일 수 있습니다. 이것이 이 책에서 기사를 읽고 스스로 기사의 카테고리를 골라 보도록 구성한 이유이기도 하고요.

이 책에 소개된 100편은 초등학생 남매를 키우는 엄마의 입장에서 내 아이에게 꼭 읽히고 싶은 기사로 엄선했습니다. 초등학교 교사로서 최신 교육 과정 성취 기준을 분석하여 어휘를 선정하고, '기사 깊이 알아보기' 문제를 제작했습니다. 『오늘부터 초등 지식왕』을 통하여 학교 공부가 일상과 동떨어진 것이 아닌 우리의 삶을 더욱 풍부하게 해 주는 것임을 느끼게 되기를 바랍니다.

최선민(자몽쌤)

입문편

만만한 주제의 기사를 통해 신문 읽기와 친해져요. 첫 신문 읽기는 흥미와 재미를 갖고 읽는 것이 가장 중요해요. 또 기사에 나오는 육하원칙(누가, 언제, 어디서, 무엇을, 어떻게, 왜)을 생각하며 어떤 주제에 대한 글인지 생각하며 읽어 보세요.

엄마 아들로 태어나 줘서 너무 행복하고 고마웠어

인공 지능이 발달하면서 우리 곁을 떠난 가족을 가상 현실(VR)로 **복원**하여 가상 현실에서 만날 수 있게 되었어요. 몇 해 전, 세상을 떠난 아이와 엄마가 VR을 통해 다시 만난 MBC 다큐멘터리 「너를 만났다」가 방영되어 온 국민의 마음을 울렸지요. 인공 지능으로 얼굴 형태는 물론, 목소리까지 복원하여 인공 지능과 가상 현실로 인간의 마음을 위로하는 시대를 열었다는 평을 얻었어요.

최근 국방부에서는 2007년에 서해안 상공에서 KF-16 요격 훈련 중, 사고로 **순직**한 조종사 고 박인철 소령과 그의 어머니를 만나게 하는 프로젝트가 추진됐어요. 바로 인공 지능 기술을 통해서요. 박 소령의 아버지 박명렬 소령도 1984년에 F-4E를 타고 팀스피릿 훈련에 참여했다가 순직한 군인인데요, 인공 지능 기술로 복원된 박 소령은 '어머니가 조종사 되는 걸 말리셨는데 이렇게 되어 죄송하다'며 용서를 빌었어요. 또 '아버지를 만나서 행복하게 잘 지내고 있다'고 말했지요. 박 소령의 어머니는 '엄마 아들로 태어나 줘서 너무 행복하고 고마웠어'라며 눈물로 마지막 인사를 건넸어요. 국방부가 인공 지능을 활용하여 순직한 장병의 모습을 복원한 것은 이번이 처음이에요. 국방부는 이번 프로젝트에 대해 '임무 중 전사하거나 순직한 장병의 **유가족**을 위로하고, 호국 영웅의 **숭고한** 희생을 **예우**할 방법을 고민하던 중에 기획했다'고 설명했어요.

- **복원** 원래대로 회복함
- **순직** 직업상 맡은 일을 책임지고 하다가 목숨을 잃음
- **유가족** 죽은 사람의 남은 가족
- **숭고하다** 뜻이 높고 훌륭하다
- **예우** 예의를 지켜 정중하게 대우함

 **기사 깊이 알아보기**

1. 인공 지능으로 복원하여 만나고 싶은 사람이 있나요? 그 이유를 말해 보아요.(역사 속 인물이나 만화나 영화 캐릭터도 좋아요.)

2. 그 사람에게 내 마음을 담은 편지를 써서 보내 볼까요.

 **단어 깊이 알아보기**

단어와 예문을 올바르게 이어 보아요.

1. 유가족 • • ① 조상들의 (　　　)한 정신을 이어 가자!
2. 복원　 • • ② 깨진 조각품의 (　　　)을(를) 위해 외국에서 기술자가 왔다.
3. 예우　 • • ③ 손님에게 (　　　)을(를) 다해 접대해야 한다.
4. 숭고하다 • • ④ 사고 피해 (　　　)들은 슬픔을 참지 못하였다.

어떤 주제일까요?　• 경제　• 정치　• 사회　• 문화　• 과학　• 국제　• 환경　• 인물

정답 1-④ 2-② 3-③ 4-①

내가 본 뉴스가 가짜 뉴스라고?

최근 미국에서는 화려한 수영복을 입은 미국의 바이든 대통령 사진과 경찰에 체포되는 트럼프 전 대통령 사진이 SNS를 중심으로 퍼진 일이 있었어요. 이 사진들은 인공 지능이 만든 가짜 사진이었지만 진짜 사진과 구분하기 어려울 정도로 **정교했지요**. 이런 가짜 사진뿐 아니라 정확하지 않은 정보 또는 유언비어가 SNS를 통해 빠르게 확산하면서 가짜 뉴스가 사회적 문제로 **대두되고** 있어요. 우리나라에서도 최근 'OO역에서 칼부림' 같은 자극적인 가짜 뉴스가 퍼지면서 경찰들이 출동하는 일이 있었어요.

가짜 뉴스는 혐오와 불안을 부추기고, **고의**로 특정인의 명예를 훼손하는 경우까지 발생하고 있어 근절돼야 해요. 하지만 인공 지능의 발달로 합성되거나 조작된 사진이 함께 퍼지면서 점점 가짜 뉴스를 구분하기 어려워지고 있어요. 이에 따라 가짜 뉴스를 방지하는 것이 어렵다면 법적인 규제라도 강화돼야 한다는 주장이 힘을 얻으면서 가짜 뉴스의 작성자는 물론이고 **유포자** 또한 형사 처벌을 받게 됐어요. 따라서 확인되지 않은 기사들에 현혹되어 퍼 나르는 일에 동참해서는 안 돼요. 정확한 출처가 있는 뉴스인지, 기사의 제목과 내용이 일치하는지, 뉴스를 실제로 뒷받침하는 근거가 있는지 등을 꼭 확인하도록 해요.

- **정교하다** 솜씨나 기술이 정밀하고 교묘하다
- **대두되다** '머리를 쳐들다'에서 시작된 말로, 어떠한 상황이 새롭게 펼쳐진다는 의미
- **고의** 일부러 하는 생각이나 태도
- **유포자** 어떤 사실이나 소문 따위를 세상에 널리 퍼뜨리는 사람

기사 깊이 알아보기

1. 가짜 뉴스가 퍼지면서 일어나는 문제점에 대해 이야기해 볼까요?

2. 가짜 뉴스로 인한 피해를 방지할 수 있는 방법은 무엇인가요?

단어 깊이 알아보기

1. ㅈ ㄱ 하게 다듬어진 보석이 반짝반짝 빛이 난다.
2. 학교 괴담 ㅇ ㅍ ㅈ 에게는 큰 벌을 내릴 것이다.
3. 친구를 다치게 하려고 ㄱ ㅇ 로 저지른 일은 아니었다.
4. 환경 오염이 사회적 문제로 ㄷ ㄷ 되고 있다.

사자성어 깊이 알아보기

유언비어(流 흐를 유(류), 言 말씀 언, 蜚 날 비, 語 말씀 어)
아무 근거도 없이 널리 퍼진 소문이란 뜻이에요. 주로 거짓이 섞인 뜬소문이나 루머를 일컬을 때 쓰지요.

어떤 주제일까요? ・경제 ・정치 ・사회 ・문화 ・과학 ・국제 ・환경 ・인물

정답: 1. 정교 2. 유포자 3. 고의 4. 대두

예술 작품을 쨍그랑 깨뜨려 버린 유치원생

　혜화 아트센터에서 전시 중인「사람 사는 세상」전시를 관람하던 유치원생 남자아이가 김운성 작가의 **조소 작품**을 깨트리는 일이 생겼어요. 전시회를 **관람**할 때에는 전시된 작품을 함부로 만지면 안 되는데 실수로 만져 버린 거예요.

　해당 작품 가격은 약 500만 원으로 매겨졌는데, 금액을 떠나 작가에게는 아주 소중한 작품이었어요. 하지만 김운성 작가는 아이가 실수한 것이라며, 아이를 너그러이 용서해 주기로 했어요. 변상이나 보상도 필요 없다고요. 심지어 아이를 혼내지 않았으면 좋겠다는 입장도 전달했어요. 김 작가는 아이에게 미안함을 강요하고 싶지 않고, 작품 **파손**으로 아이도 충격을 받았을 거라며 오히려 아이를 걱정했지요.

　전시회에서 작품을 훼손했을 경우에는 파손한 사람에게 **변상**을 요구하는 것이 일반적이에요. 하지만 김 작가는 '실수를 인정하면 이해하고 용서해 주는 세상이 사람 사는 세상이라고 생각한다'는 마음을 전했어요. 이로써 전시의 취지와 작가의 성품을 잘 보여 준 거예요. 김 작가는 깨진 상태 또한 작품이라며 깨진 작품을 이어 붙여 다시 전시를 했어요. 깨진 작품을 **복원**하여 전시하는 모습을 아이에게 보여 주고 안심하라는 이야기도 전하고 싶다면서요. 이후 인터넷상으로 놀랐을 아이와 엄마를 먼저 생각하는 김운성 작가의 마음 씀씀이에 감동을 받았다는 글 수백 개가 올라왔어요.

- **조소 작품** 재료를 깎고 새기거나 빚어서 만든 입체 작품
- **관람** 연극, 운동 경기, 미술 작품 등을 구경함
- **파손** 깨어져 못 쓰게 됨
- **변상** 남에게 끼친 손해를 물어 줌
- **복원** 원래대로 회복함

기사 깊이 알아보기

1. 김운성 작가는 왜 작품을 깨뜨린 아이를 용서해 줬을까요?

_____

_____

2. 내가 실수했던 경험을 떠올려 보세요.

겪은 일		생각이나 느낌
언제		
어디에서		
누구와		
무슨 일		

단어 깊이 알아보기

1. 뮤지컬 ㄱ ㄹ 를(을) 위해 예술의 전당으로 간다.
2. ㅍ ㅅ 된 책은 서점에서 새 책으로 교환해 드립니다.
3. 집 주인에게 깨뜨린 유리창을 ㅂ ㅅ 했다.
4. 부서진 건물이 원래대로 ㅂ ㅇ 되었다.

어떤 주제일까요?
• 경제 • 정치 • 사회 • 문화 • 과학 • 국제 • 환경 • 인물

정답: 1. 관람 2. 파손 3. 변상 4. 복원

노 키즈 존, 자유일까? 역차별일까?

'노 키즈 존'이라고 적혀 있는 장소를 본 적이 있나요? 노 키즈 존은 말 그대로 '어린이를 손님으로 받지 않는 장소'라는 뜻으로, 음식점이나 카페 등에서 흔히 볼 수 있습니다. 노 키즈 존을 운영하는 사람들은 제한된 장소 안에서 제멋대로 돌아다니거나 큰 소리로 우는 등, **예의**를 지키지 않는 일부 어린이들이 다수의 손님에게 불편을 끼치는 것을 방지하고자 아예 어린이들을 거부해요. 이에 국가 **인권** 위원회는 2017년에 '노 키즈 존은 차별'이라는 결론을 내렸습니다. 합리적인 이유 없이 어린이의 이용을 제한하는 행위는 **차별**이라는 것이지요. 하지만 노 키즈 존이 차별이라는 국가 인권 위원회의 판단은 법적 효력이 없어요. 그렇다 보니 노 키즈 존의 찬반은 뜨거운 감자로 떠올랐지요.

노 키즈 존에 반대하는 사람들은 노 키즈 존은 일종의 차별이자 **혐오**이므로 없어져야 한다고 주장해요. 영업에 방해가 될 경우, 개별적으로 **퇴장**을 요구하는 것이 적절하다는 것이지요. 반면 노 키즈 존에 찬성하는 사람들도 많아요. 어떤 손님을 받을지는 가게 주인의 자유이고, 아이들이 없는 곳에서 조용히 식사를 하고 싶은 고객들이 있을 수 있다는 것이지요. 한편 최근 튀르키예 항공사에서는 만16세 이상의 승객만 이용할 수 있는 노 키즈 존 서비스를 시범 도입했어요.

- **예의** 사람이 마땅히 지켜야 할 도리
- **인권** 인간으로서 당연히 가지는 기본적 권리
- **차별** 등급이나 수준에 차이를 두어 구별하는 것
- **혐오** 싫어하고 미워함
- **퇴장** 어떤 장소에서 물러남

기사 깊이 알아보기

1. 노 키즈 존이 생긴 이유는 무엇인가요?

2. 음식점에서 뛰어다니는 아이가 있다면 뭐라고 말해 줘야 할까요? 듣는 사람의 기분을 생각하여 이야기해 봅시다.

단어 깊이 알아보기

단어의 뜻을 올바르게 이어 보아요.

1. 인권 •   • ① 사람이 마땅히 지켜야 할 도리
2. 차별 •   • ② 인간으로서 당연히 가지는 기본적 권리
3. 퇴장 •   • ③ 등급으로 수준이나 차이를 두어 구별하다
4. 예의 •   • ④ 싫어하고 미워함
5. 혐오 •   • ⑤ 어떤 장소에서 물러남

어떤 주제일까요?

• 경제   • 정치   • 사회   • 문화   • 과학   • 국제   • 환경   • 인물

정답 1-② 2-③ 3-⑤ 4-① 5-④

900원과 초등학생의 쪽지, 그리고 사장님의 눈물

　상주하는 점원이 없이 '키오스크'로 직접 물건을 구매하는 무인점포가 최근 늘어나고 있어요. 그러자 **점포**를 지키는 사람이 없는 점을 노려 물건을 훔쳐 가는 일이 빈번하게 일어나지요. 이런 와중에 무인점포에 초등학생이 남긴 쪽지를 보고 눈물을 흘렸다는 사장님의 사연이 전해지고 있어요.

　대전에서 무인점포를 운영하는 사장님은 최근 매장에서 일어난 **절도** 사건으로 **상심**에 빠져 있었어요. 그러던 어느 날, 무인점포에서 간식을 고른 아이가 시시티브이를 향해 돈을 흔드는 것을 확인했어요. 깜짝 놀란 사장님은 곧장 점포로 향했고, 키오스크 뒤에서 시시티브이의 아이가 놓고 간 동전과 '주인 아저씨와 아주머니, 동전 넣을 곳이 없어서요, 900원 두고 갈게요'라고 적힌 쪽지를 발견했어요. 당시 점포의 동전 통은 절도 사건으로 망가진 상태였는데, 쪽지를 남긴 아이는 동전 통에서 결제가 되지 않자 당황하지 않고 사장님이 잘 알아볼 수 있게끔 나름의 행동을 보인 거예요. 사장님은 절도 사건을 겪으며 장사에 대한 **자괴감**에 빠져 있었는데 어린이의 행동에 **위안**을 받았어요. 또 아이를 찾아 인사하고, 같은 반 친구들에게 아이스크림도 선물했어요. 이 사연을 접한 누리꾼들은 '절도나 학교 폭력이 아닌 뉴스를 접하니 마음이 따뜻해진다' 등의 반응을 보였어요.

- **점포** 물건을 늘어놓고 파는 곳
- **절도** 남의 물건을 몰래 훔침
- **상심** 슬픔이나 걱정으로 맥이 빠지고 속상한 마음
- **자괴감** 스스로 부끄러워하는 마음
- **위안** 위로하여 마음을 편안하게 함

 **기사 깊이 알아보기**

1. 누군가에게 칭찬받았던 일을 떠올려 보아요.

언제	
누구에게	
왜	
나의 기분, 감정	

2. 내 주변에서 칭찬해 주고 싶은 사람을 떠올려 보고 칭찬하는 글을 써 봅시다.

단어 깊이 알아보기

예문의 초성을 참고하여 괄호 안에 알맞은 단어를 써 보아요.

1. (　　　　): 남의 물건을 몰래 훔침
   예문: 동네에 (ㅈㄷ) 사건이 일어나 경찰차가 3대나 왔다.

2. (　　　　): 스스로 부끄러워하는 마음
   예문: 친구들에게 외모 놀림을 받아 (ㅈㄱㄱ)에 빠졌다.

3. (　　　　): 슬픔이나 걱정으로 맥이 빠지고 속상한 마음
   예문: 아끼던 키홀더를 잃어버리고 (ㅅㅅ)가(이) 크다.

4. (　　　　): 위로하여 마음을 편안하게 함
   예문: 엄마의 따스한 품속에서 (ㅇㅇ)를(을) 얻었다.

 **어떤 주제일까요?**　·경제　·정치　·사회　·문화　·과학　·국제　·환경　·인물

정답 1. 절도 2. 자괴감 3. 상심 4. 위안

더불어 사는 세상, 베어베터

　베어베터는 네이버 공동 창업자인 김정호 대표와 네이버 출신 이진희 대표가 2012년에 세운 **사회적 기업**이에요. 의료 기술이 발달해도 발달 장애를 **판별**하거나 치료하는 일은 여전히 어려워서 생각보다 많은 아이들이 발달 장애를 겪어요. 네이버에도 발달 장애를 앓는 자녀를 키우는 직원들이 있었는데, 김정호 대표는 그 가족들을 돕고 싶었어요. 한편 **발달 장애** 자녀를 둔 이진희 대표는 장애를 지닌 아이들을 도울 수 있는 가장 좋은 방법은 일자리를 만들어 주는 거라고 생각했어요. 그리하여 발달 장애인의 지속 가능한 고용을 목표로, 직원의 70퍼센트 이상이 발달 장애인으로 구성된 '베어베터'를 창업했어요.

　베어베터에서는 인쇄물, 빵, 과자, 커피, 꽃다발 등 다양한 상품을 판매해요. 쉽게 일할 수 있는 직무 환경을 만들어 발달 장애인이 오래 일할 수 있는 일자리를 제공하지요. 발달 장애인이 일을 한다는 것은 사회인으로서의 **자부심**을, 가족에게는 안도와 행복을, 이웃에게는 더불어 살아가는 의미를 알게 해 주니까요.

　베어베터를 상징하는 캐릭터는 '베베'라는 곰이에요. 발달 장애인이 자신만의 속도로 묵묵히 일하는 모습을 '곰(bear)'으로 표현하고, '더 나은(better)' 세상을 위한 모험을 표현하지요. 사람들의 선의에만 의존하지 않고, 높은 품질을 제공하려고 노력하는 베어베터의 목표는 장애인들이 일할 수 있는 일자리가 많아지는 거예요. 그로써 발달 장애인들도 더불어 살 수 있는 세상이 됐으면 좋겠어요.

- **사회적 기업** 취약 계층에게 사회적 서비스나 일자리를 제공하고 지역 사회에 공헌하면서 영업 활동을 이어 가는 기업
- **판별** 옳고 그름이나 좋고 나쁨을 구별함
- **발달 장애** 신체 및 정신이 나이에 맞게 발달하지 않는 상태
- **자부심** 스스로의 가치나 능력을 믿고 당당히 여기는 마음

기사 깊이 알아보기

1. 베어베터를 상징하는 캐릭터 '베베'는 무엇을 표현하고 있나요?

------

2. 베어베터의 목표는 무엇인가요?

단어 깊이 알아보기

보기에서 단어를 골라 문장을 완성해 보세요.

| 보기 | 판별 | 발달 장애 | 자부심 | 사회적 기업 |

1. 노인에게 일자리를 제공하는 (   )를(을) 설립하는 것이 나의 꿈이다.
2. 말이 느리거나 행동이 느리다고 (   )라고 할 수는 없다.
3. 찬우는 피아니스트인 엄마에 대한 (   )가(이) 대단히 높다.
4. 그 그림이 얼마나 좋은 작품인지 (   )하기 어렵다.

어떤 주제일까요?

• 경제　• 정치　• 사회　• 문화　• 과학　• 국제　• 환경　• 인물

정답: 1. 사회적 기업 2. 발달 장애 3. 자부심 4. 판별

"엄마 속상해서 빵 샀어!" 나의 MBTI는 과연…

　마이어스와 브릭스가 고안한 성격 유형 검사 MBTI는 네 가지 지표를 토대로 사람들의 심리적 **선호**를 16가지 유형으로 알아보는 검사예요. 먼저 밖으로 나가야만 에너지를 얻는 외향형인 'E', 안에서 에너지를 구하는 내향형인 'I'로 구분할 수 있어요. 그래서 처음 만나는 사람과도 잘 어울리는 사람을 E유형, 혼자 있는 것을 좋아하고 낯을 가리는 성격을 I유형이라고 하지요. 두 번째는 정보 수집에 대한 선호 방식을 나타내요. 감각과 경험으로 정보를 수집하며 현실적이고 **실용적**인 것을 좋아한다면 'S', 다양한 아이디어를 내는 것을 선호하고 상상력이 풍부한 직관적인 사람은 'N'이라고 해요. 세 번째는 의사를 결정하는 판단 방식을 나타내요. 사고형을 나타내는 'T'는 **논리적**이고 객관적인 사실을 토대로 **분석적**으로 판단해요. 감정을 중시하는 'F'는 사람과의 관계와 상황을 먼저 생각하고요. 그러다 보니 T유형은 **공정**을, F유형은 공감을 더 중요하게 생각하지요. 마지막으로 어떤 일을 실행해야 할 때의 자세예요. 계획을 구조화하여 순차적이고 단계적으로 진행하는 것을 선호하는 'J'와 상황에 따라 **유연하게** 대처하는 것을 선호하는 'P'가 있어요.
　이렇게 MBTI로 성격을 이야기하는 것이 유행하고 있지만 MBTI로 스스로를 규정하는 것은 경계하는 것이 좋겠어요. 다양한 사람의 성격과 개성을 16가지 유형만으로 나타낼 수는 없으니까요.

- **선호** 여럿 가운데서 특별히 좋아함
- **실용적** 실제로 쓰기에 알맞은 것
- **논리적** 말이나 글에서 사고나 추리를 이치에 맞게 이끌어 내는 것
- **분석적** 내용을 구성 요소들로 자세히 나누어 보는 것
- **공정** 공평하고 올바름
- **유연하다** 부드럽고 연하게

 **기사 깊이 알아보기**

1. MBTI란 무엇인가요?

2. 가족이나 친구 중 한 사람을 정해 그 사람의 성격에 대해 소개하는 글을 써 보고, MBTI를 추측해 보아요.

> **tip** <소개하는 글을 쓰는 방법>
> • 소개하는 사람이 누구인지 써 보아요.
> • 소개할 내용을 자세하게 써 보아요.
> • 읽는 사람이 궁금해할 내용을 써 보아요.

단어 깊이 알아보기

단어의 뜻을 올바르게 이어 보아요.

1. 실용적 •   • ① 말이나 글에서 사고나 추리를 이치에 맞게 이끌어 내는 것
2. 분석적 •   • ② 실제로 쓰기에 알맞은 것
3. 논리적 •   • ③ 내용을 구성 요소들로 자세히 나누어 보는 것

 • 경제 • 정치 • 사회 • 문화 • 과학 • 국제 • 환경 • 인물

정답 1-② 2-③ 3-①

이제는 K-클래식의 시대!

    2022년 6월, 피아니스트 임윤찬이 미국 반 클라이번 국제 피아노 콩쿠르에서 역사상 최연소 우승자가 되었어요. 특히 해외 **유학** 경험이 없는 순수 국내파라는 점에서 더 큰 주목을 받았습니다. 2023년에는 **지휘자** 윤한결이 오스트리아에서 열린 카라얀 젊은 지휘자상 콩쿠르에서 한국인 최초로 우승을 차지했어요. 지휘 분야의 세계적 콩쿠르에서도 한국인 우승자가 나온 것이지요. 같은 해 성악가 김태한이 세계 3대 콩쿠르 중 하나인 퀸 엘리자베스 콩쿠르에서 우승을 하고, 차이콥스키 콩쿠르에서 바이올리니스트 김계희, 첼리스트 이영은, 테너 손지훈이 우승하는 등 최근 한국의 국제 콩쿠르 성적은 세계 어떤 국가와 비교해도 압도적이에요.

    최근 몇 년간 우리나라 연주자들이 국제 콩쿠르 수상을 휩쓸면서 한국 클래식의 위상이 높아지고 있어요. 벨기에 공영 방송의 프로듀서이자 다큐멘터리 감독인 티에리 로로는 한국 클래식에 대한 다큐멘터리 영화를 제작하기도 했어요. 로로 감독은 한국인들이 콩쿠르에서 좋은 성적을 거두는 이유로 한국의 눈부신 경제 성장과 **체계적인** 영재 교육 시스템, 부모들의 **헌신적** 지원을 들었어요.

    이렇듯 클래식계의 위상이 점점 높아지는 가운데 일본이나 유럽 등에 비하면 국가의 지원이나 **대중**의 관심이 부족한 것이 사실이에요. 유수의 국제 대회에서 좋은 결과를 얻어도 반짝 인기로 그치는 경우가 많고요. 이에 문화 체육 관광부 장관은 클래식이 한국의 문화 관광 자원으로 발전할 수 있도록 노력하겠다고 말했어요.

- **유학** 외국에 머물면서 공부함
- **지휘자** 노래나 연주를 앞에서 조화롭게 이끄는 사람
- **체계적인** 방법과 순서를 차근차근 제대로 지켜서 문제를 해결하다
- **헌신적** 몸과 마음을 바쳐 힘을 다하는 것
- **대중** 수많은 사람의 무리

 **기사 깊이 알아보기**

1. 티에리 로로 감독은 한국인들이 콩쿠르에서 좋은 성적을 거두는 이유가 무엇이라고 생각했나요?

2. 우리나라를 빛내고 있는 예술가를 한 사람 골라 소개해 보세요

단어 깊이 알아보기

1. 부모님의 ㅎ ㅅ ㅈ 인 희생 덕분에 의사가 될 수 있었다.
2. ㄷ ㅈ 의 인기를 한 몸에 받는 아이돌이 내 꿈이다.
3. 세계적으로 유명한 첼리스트 장한나는 ㅈ ㅎ ㅈ 가(이) 되어 오케스트라를 이끌고 있다.
4. 국가 대표 선수가 되려면 ㅊ ㄱ ㅈ ㅇ 훈련을 해야 한다.
5. 누나가 일본으로 ㅇ ㅎ 길에 올랐다.

 **어떤 주제일까요?** · 경제 · 정치 · 사회 · 문화 · 과학 · 국제 · 환경 · 인물

정답 1. 헌신적 2. 대중 3. 지휘자 4. 체계적인 5. 유학

우크라이나의 크리스마스는 1월 7일이었다고?

　12월 25일이 무슨 날인지 아시나요? 바로 크리스마스지요. 우리나라를 포함한 대부분의 나라는 12월 25일을 크리스마스로 **지정하여** 기념하고 있어요. 그러나 러시아, 우크라이나 등 정교회를 믿는 일부 국가는 매년 1월 7일을 성탄절로 기념해 오고 있답니다. 이는 러시아 정교회에서 세계 표준 달력인 그레고리력 대신 율리우스력을 사용하고 있기 때문이에요. 율리우스력은 율리우스 카이사르가 로마력을 개정한 태양력이고, 그레고리력은 1582년에 교황 그레고리우스 13세가 율리우스력의 오차를 고쳐서 만든 태양력인데, 두 달력 간에는 날짜가 13일이나 차이가 나서 크리스마스가 서로 다르답니다.

　그런데 최근 러시아가 우크라이나를 **침공**하면서 두 나라 사이의 전쟁이 일어났어요. 우크라이나가 서방의 군사 동맹인 나토(NATO)에 가입하려고 하자 이에 반발한 러시아가 우크라이나를 공격한 것이지요.

　러시아로 인해 큰 피해를 입게 된 우크라이나는 러시아 문화의 **잔재**를 **청산**하려는 움직임이 엿보여요. 가장 먼저 구소련(러시아) **인사**들의 이름을 딴 거리와 마을 이름을 바꿨고요, 러시아를 지지하는 정교회에 반대해 크리스마스도 바꾸기로 했어요. 전쟁으로 인해 전통까지 바꾸게 된 셈인데요. 이로써 우크라이나 사람들이 러시아에 대한 반감이 얼마나 큰지 알 수 있습니다.

- **지정하다** 가리키어 확실하게 정하다
- **침공** 다른 나라를 침범하여 공격함
- **잔재** 과거의 낡은 사고방식이나 생활 양식의 찌꺼기
- **청산** 과거의 부정적 요소를 깨끗이 씻어 버림
- **인사** 사회적 지위가 높거나 사회적 활동이 많은 사람

 기사 깊이 알아보기

1. 우리나라는 양력과 음력을 함께 써요. 오늘은 양력과 음력으로 몇 월 며칠인지 달력에서 확인해 보아요.

양력 : _____   음력: _____

2. 러시아는 아시아 대륙과 유럽 대륙에 걸쳐 있고 우크라이나는 유럽 대륙 동쪽 끝에 있어 국경이 서로 맞닿아 있어요. 대륙이란 바다로 둘러싸인 커다란 땅덩어리를 말해요. 그리고 세계에는 7대륙이 있는데, 7대륙에 대해 이야기해 볼까요?

(아시아): _____   (유럽): _____

( ): _____   ( ): _____

( ): _____   ( ): _____

( ): _____

 단어 깊이 알아보기

다음 낱말에 대한 뜻풀이를 찾아 바르게 선으로 이어 보세요.

1. 잔재 •
2. 청산 •

• ① 과거의 잘못한 일들을 깨끗하게 씻어 없애는 것
• ② 떠오른 문제를 해명하거나 얽혀 있는 문제들을 잘 처리함
• ③ 과거의 낡은 사고방식이나 생활 양식이 남아 있는 자국이나 흔적

 여기서 잠깐, 상식 노트

'북대서양 조약 기구(NATO, North Atlantic Treaty Organization)'는 제 2차 세계 대전이 끝난 1949년, 동유럽에 주둔하고 있는 소련군과 군사적 균형을 맞추기 위한 집단 방위 기구예요. 미국 캐나다와 유럽 10개국 등 12개국이 참가하고 있으며, 본부는 브뤼셀에 위치하고 있어요.

어떤 주제일까요?   • 경제 • 정치 • 사회 • 문화 • 과학 • 국제 • 환경 • 인물

갑자기 부는 선선한 바람, 처서 매직

'처서가 지나면 모기 입이 비뚤어진다'는 이야기를 들어 보았나요? 24절기 중 하나인 처서가 지나면 여름 내 **기승**을 부리던 모기도 힘을 잃는다는 뜻이에요. 무더웠던 여름이 지나고 가을이 온다는 신호지요.

우리 조상님들은 계절을 24개 절기로 나누었어요. 그중 더위가 끝나는 절기이자 14번째 절기인 처서는 가을이 **본격적**으로 시작되는 절기예요. 처서가 지나면 거짓말처럼 아침저녁으로 찬바람이 불어요. 지구 온난화와 엘니뇨로 무더위가 심해지고, 여름도 길어졌지만 처서가 지나면 더위가 대폭 꺾여요. 계절의 변화를 **예측**한 조상님들의 지혜가 정말 대단하지요.

옛날부터 우리나라가 **음력**을 이용하여 날짜를 썼다는 것은 잘 알려져 있어요. 그래서 24절기도 음력일 거라 생각하는 사람이 많아요. 하지만 절기는 태양의 움직임으로 만들어졌어요. 태양의 황경이 0도인 날을 춘분으로 하여 15도 간격으로 24절기를 나눈 거예요. 보통 입춘에서 곡우를 봄, 입하에서 대서를 여름, 입추에서 상강을 가을, 입동에서 대한을 겨울로 정한 4계절을 기본으로 삼지요. 서양에서는 일주일인 7일을 하나의 주기로 생활했지만 우리나라는 24절기를 이용해 15일 주기로 생활했다고 보면 돼요. 그래서 24절기는 **양력**으로 매월 4~8일 사이와 19~23일 사이에 생겨요.

- **기승** 기운이나 힘이 성해서 수그러들지 않음
- **본격적** 제 궤도에 올라 제격에 맞게 적극적인 것
- **예측** 미리 헤아려 짐작함
- **음력** 우리나라의 전통 역법으로 달의 움직임을 바탕으로 만든 달력
- **양력** 태양의 운동을 바탕으로 만든 달력으로 현재 우리가 쓰고 있는 달력

 기사 깊이 알아보기

1. 우리나라는 계절별로 다른 공기 덩어리의 영향을 받고 있어요. 계절별 날씨의 특징에 동그라미 쳐 보세요.

계절	공기 덩어리의 방향	온도	습도
봄	남서쪽	따뜻하다 / 차갑다	습도가 높다 / 습도가 낮다
여름	남동쪽	따뜻하다 / 차갑다	습도가 높다 / 습도가 낮다
가을	남서쪽	따뜻하다 / 차갑다	습도가 높다 / 습도가 낮다
겨울	북서쪽	따뜻하다 / 차갑다	습도가 높다 / 습도가 낮다

2. 내가 가장 좋아하는 계절을 한 가지 골라 그 이유를 계절의 특징을 넣어 설명해 보세요.

좋아하는 계절 : _____

좋아하는 이유: _____

_____

 단어 깊이 알아보기

예문의 초성을 참고하여 괄호 안에 알맞은 낱말을 써 보아요.

1. (　　　　　): 미리 헤아려 짐작함

　예문: 아들의 엉뚱한 행동은 (ㅇㅊ)를(을) 불허한다.

2. (　　　　　): 기운이나 힘이 성해서 수그러들 생각이 없음

　예문: 지난밤에 모기가 (ㄱㅅ)를(을) 부려 한숨도 못 잤다.

3. (　　　　　): 제 궤도에 올라 제격에 맞게 적극적인 것

　예문: 이야기는 지금부터가 (ㅂㄱㅈ)으로 재미있다.

어떤 주제일까요?　· 경제　· 정치　· 사회　· 문화　· 과학　· 국제　· 환경　· 인물

입춘(立春)	2월 4일 또는 5일, 봄의 시작
우수(雨水)	2월 18일 또는 19일, 봄비 내리고 싹이 틈
경칩(驚蟄)	3월 5일 또는 6일, 개구리가 겨울잠에서 깨어남
춘분(春分)	3월 20일 또는 21일, 낮이 길어지기 시작
청명(晴明)	4월 4일 또는 5일, 봄 농사 준비
곡우(穀雨)	4월 20일 또는 21일, 농사비가 내림
입하(立夏)	5월 5일 또는 6일, 여름의 시작
소만(小滿)	5월 21일 또는 22일, 본격적인 농사 시작
망종(芒種)	6월 5일 또는 6일, 씨 뿌리기 시작
하지(夏至)	6월 21일 또는 22일, 1년 중 낮이 가장 긴 시기
소서(小暑)	7월 7일 또는 8일, 더위가 시작됨
대서(大暑)	7월 22일 또는 23일, 더위가 가장 심함
입추(立秋)	8월 7일 또는 8일, 가을의 시작
처서(處暑)	8월 23일 또는 24일, 더위가 식고 일교차 커짐
백로(白露)	9월 7일 또는 8일, 이슬이 내리기 시작
추분(秋分)	9월 23일 또는 24일, 밤이 길어지기 시작
한로(寒露)	10월 8일 또는 9일, 찬 이슬이 내리기 시작
상강(霜降)	10월 23일 또는 24일, 서리가 내리기 시작
입동(立冬)	11월 7일 또는 8일, 겨울 시작
소설(小雪)	11월 22일 또는 23일, 얼음이 얼기 시작
대설(大雪)	12월 7일 또는 8일, 1년 중 눈이 가장 많이 내리는 시기
동지(冬至)	12월 21일 또는 22일, 1년 중 밤이 가장 긴 시기
소한(小寒)	1월 5일 또는 6일, 겨울 중 가장 추운 때
대한(大寒)	1월 20일 또는 21일, 겨울을 끝내며 1년 중 가장 추운 시기

초급편

우리 주변에서 일어나는 다양한 이슈를 신문 기사를 통해 접해 보아요. 처음 보는 단어가 있더라도 앞뒤 문장을 읽고 단어의 뜻을 생각해 보세요. 글의 맥락을 생각하면 어려운 단어도 이해할 수 있을 거예요.

먹태깡은 언제쯤 다시 들어오나요?

농심에서 출시한 '먹태깡'의 인기가 뜨거워요. 먹태깡은 농심의 사내 공모전에서 대상을 받았던 상품으로 먹태와 마요네즈에 청양 고추를 첨가한 맛을 내는 과자예요. 맛있다는 입소문이 나자 편의점과 마트에 들어오기가 무섭게 팔리고, 중고 거래 사이트에서 고가에 거래되는 일도 있다고 해요. 한때 허니버터칩이나 포켓몬빵이 구매 경쟁을 일으켰던 것처럼요.

농심에서는 먹태깡의 인기를 실감하여 생산량을 30퍼센트 더 늘리고, 인당 구매 수량도 4개로 제한했지만 여전히 수요가 공급을 넘어서고 있다고 합니다. 먹태깡의 인기는 **희소성**이 높은 **한정판** 제품을 구매한 뒤 SNS에 올리는 '인증샷 문화'도 한몫을 한 것으로 보여요. '구하기 힘든 먹태깡'이라는 이미지가 젊은 층의 구매 욕구를 더 자극한 것이지요. 정용진 신세계그룹 부회장도 자신의 SNS 계정에 먹태깡 구매 인증 사진을 게시하며 화제를 모은 바 있습니다. 일부 언론 매체에서는 의도적으로 **공급**을 제한해 희소성으로 공략하는 것이 아니냐는 비판을 했지요. 하지만 농심은 예상치 못한 인기라는 입장을 밝히며 먹태깡의 폭발적인 **수요**에 맞춰 **생산량**을 더욱 늘리겠다고 발표했습니다.

- **희소성** 인간의 물질적 욕구에 비해 자원이 부족한 상태
- **한정판** 물건의 수량을 제한하여 판매하는 제품
- **공급** 필요에 따라 시장에 재화나 서비스를 제공하는 일
- **수요** 상품을 사려고 하는 욕구
- **생산량** 물건을 만들어 내는 양

기사 깊이 알아보기

1. 한정판 제품이나 구하기 어려운 제품을 사려고 노력해 본 적이 있나요?

2. 한정판에 집착하는 사람이 점점 많아진다면 세상은 어떻게 될까요?

단어 깊이 알아보기

1. ㅎ ㅈ ㅍ 포켓몬 카드를 사려고 출시일에 문방구 오픈런을 했다.
2. 올해는 비가 많이 와서 쌀 ㅅ ㅅ ㄹ 가(이) 확 줄 것 같아.
3. 전기 ㄱ ㄱ 를(을) 끊다.
4. 캐릭터 장난감은 어린이들 사이에서 ㅅ ㅇ 가(이) 높은 편이다
5. 작년에 나온 만화 잡지는 더 이상 인쇄되지 않아 중고 거래에서 ㅎ ㅅ ㅅ 가(이) 있는 상품으로 구분되어 높은 가격으로 거래된다.

어떤 주제일까요? • 경제 • 정치 • 사회 • 문화 • 과학 • 국제 • 환경 • 인물

밀가루가 아닌 가루 쌀로
초코 케이크를 만들었다고?

농림 축산 식품부에서는 국내 쌀 소비를 촉진하고 농가 소득을 안정화하기 위해 가루 쌀 제품 개발 사업을 **추진**하고 있어요. 가루 쌀로 밀가루의 10퍼센트를 대체할 수 있게 하는 것이 목표이지요. 쌀 소비 감소로 인한 쌀 공급 **과잉** 문제를 해결하고, 수입에만 의존하고 있는 밀가루 수요를 대체하자는 거예요.

가루 쌀은 밀가루에 비해 **팽창** 정도가 작고, **식감**도 좋지 않아요. 유통 기한이 짧다는 단점도 있고요. 하지만 밀가루보다 **글루텐**이 적고 건강에 좋아 소비자들의 호응을 얻고 있지요. 이러한 정부의 지원과 고객들의 수요에 따라 식품업계에서는 가루 쌀 제품 개발에 속도를 내고 있어요. 여러 라면업체에서도 가루 쌀 라면을 개발하고 있습니다. 그러던 중, 해태제과에서 농림 축산 식품부로부터 지원받은 가루 쌀 '바로미2'로 만든 초코 케이크 '오예스 위드미'를 출시했어요. 바로미2는 농촌 진흥청이 개발한 쌀 품종으로, 밀처럼 바로 빻아 가루로 활용할 수 있지요.

해태제과 관계자는 '우리 쌀 소비 활성화를 통해 농민과 상생하고, 가루 쌀을 활용한 더 다양한 제품을 개발할 계획'이라고 밝혔어요. 정부 역시 수입에만 의존하는 밀가루 대신 가루 쌀 제품들이 늘어난다면 식량 **자급률** 또한 높아질 것이라며, 가루 쌀 생산과 제품 개발 지원을 더 강화하겠다고 말했습니다.

- **추진** 빨리 나아감
- **과잉** 예정하거나 필요한 수량보다 많이 남음
- **팽창** 부풀어서 부피가 커짐
- **식감** 음식을 먹을 때 입안에서 느끼는 감각
- **글루텐** 식물성 단백질의 혼합물로 당 함유량이 높다
- **자급률** 필요한 물자를 자체로 공급하는 비율

기사 깊이 알아보기

1. 농림 축산 식품부에서 가루 쌀 제품 개발 사업을 추진하는 이유는 무엇인가요?

2. 쌀로 만들 수 있는 음식 한 가지를 선택하여 소개해 볼까요.

단어 깊이 알아보기

예문의 초성을 참고하여 괄호 안에 알맞은 낱말을 써 보아요.

1. (　　　　　): 다그쳐 빨리 나아가게 함
   예문: 성장 (ㅊㅈ)를(을) 위해 밤 10시 전에는 반드시 잠자리에 들어야 한다.

2. (　　　　　): 음식을 먹을 때 입안에서 느끼는 감각
   예문: 식빵의 (ㅅㄱ)이(가) 꼭 찹쌀떡 같아.

3. (　　　　　): 예정하거나 필요한 수량보다 많이 남음
   예문: 영양 (ㄱㅇ)으로 인한 비만율이 점점 높아지고 있다.

어떤 주제일까요? • 경제 • 정치 • 사회 • 문화 • 과학 • 국제 • 환경 • 인물

정답: 1. 촉진 2. 식감 3. 과잉

눈앞에서 놓치고 만 금메달, 웃을 수 없는 은메달리스트의 사연

'끝날 때 까지 끝난 게 아니다. (It ain't over till it's over.)'

미국의 유명한 야구 선수 요기 베라가 남긴 명언이에요. 결과는 아무도 모르니 끝까지 최선을 다해야 한다는 말인데, 극적인 **역전승**이 벌어지는 스포츠계에서는 **격언**처럼 **회자되고** 있어요. 그리고 항저우 아시안게임 롤러스케이트 3000m 계주에서 이 격언이 떠오르는 안타까운 일이 벌어졌어요.

1등으로 들어오던 우리나라 선수가 결승선에 도착하기도 전에 우승 세레머니를 하느라 역전을 당하고 말았어요. 승리를 예감한 한국의 마지막 주자가 결승선을 통과하기 직전, 속도를 줄이며 때 이른 세레머니를 한 것이 **화근**이었어요. 반면 끝까지 레이스를 포기하지 않고 달리던 대만의 선수는 그 틈을 놓치지 않았지요. 왼발을 쭉 내밀어 불과 0.01초 차로 승리를 거머쥐었으니까요.

태극기 세레머니를 하던 한국 선수들은 뒤늦게 공식 기록을 확인하고 당혹감을 감추지 못했어요. 한순간의 실수로 메달 색깔이 뒤바뀌는 일이 벌어진 거예요. 시상식이 끝나고 난 뒤, 마지막 주자였던 정철원 선수는 '**방심**하고 끝까지 타지 않는 실수를 했다. 선수들에게 너무 미안하다'고 말했어요.

- **역전승** 경기에서 지고 있던 팀이 형세가 뒤바뀌어 이김
- **격언** 인생에 대한 교훈이나 경계를 표현한 짧은 글
- **회자되다** 칭찬을 받으며 사람들의 입에 자주 오르내리게 되다
- **화근** 재앙의 근원
- **방심** 마음을 다잡지 않고 풀어 버림

 **기사 깊이 알아보기**

1. 기사를 읽고 항저우 아시안 게임 롤러스케이트 3000m 계주에서 일어난 일을 원인과 결과로 정리해 보아요.

원인:

결과:

2. 다음 문장을 보고 원인과 결과가 어울리게 문장을 완성해 보세요.

① 나는 오늘 아이스크림을 3개 먹었다. 그래서

② 나는 놀이터에서 동생과 싸웠다. 왜냐하면

단어 깊이 알아보기

1. 아시아 게임 축구 결승전에서 한국이 ㅇ ㅈ ㅅ 를(을) 이뤄내며 금메달을 가져갔다.
2. 슈바이처의 선행은 대대손손 ㅎ ㅈ 되고 있다.
3. 모두 자고 있을 거라 ㅂ ㅅ 하고 라면을 끓여 먹다가 엄마한테 딱 걸렸다.
4. 쥐포를 구워 먹으려고 불을 켠 것이 ㅎ ㄱ 가(이) 되어 화재 사건이 일어났다.
5. '시간은 금이다'란 말은 시간의 소중함을 나타내는 ㄱ ㅇ 이다.

 **어떤 주제일까요?** • 경제 • 정치 • 사회 • 문화 • 과학 • 국제 • 환경 • 인물

정답 1. 역전승 2. 계자 3. 방심 4. 화근 5. 격언

최저 시급보다 적은 9급 공무원 월급

최근 젊은이들 사이에서 공무원에 대한 선호도가 떨어지는 현상이 뚜렷하게 나타나고 있어요. 안정된 직장이라는 인식으로 채용 **경쟁률**이 100대 1이 훌쩍 넘던 2010년도 초반과 비교하면, 최근 9급 공무원 경쟁률은 20대 1 정도로 낮아졌어요. 시험을 통과한 뒤에도 **공직**을 떠나는 공무원은 점점 늘어났고요. 치열한 경쟁률을 뚫고 합격하고도 업무에 만족하지 못해 그만두는 공무원들이 많아진 거예요. 인사 혁신처의 '국가 공무원 **퇴직** 현황' 자료에 따르면 2022년도 현재, 스스로 그만둔 공무원이 5천 601명에 이르고, 지난 5년간 그만둔 일반직 공무원까지 모두 합치면 2만 2천 955명이나 되지요.

공무원을 그만두는 이유는 낮은 보수(월급), 악성 민원으로 인한 스트레스, 수직적인 직장 문화, 공무원 연금의 감소 등이 거론되고 있어요. 특히 가파르게 오르는 물가에 비해 9급 공무원의 월급이 최저 임금보다 낮아 상대적 박탈감을 느끼는 젊은 공무원들도 많아졌지요. 엎친 데 덮친 격으로 공무원의 최대 장점이었던 연금 지급률도 매년 낮아지고 있어 공무원 연금이 국민연금에 역전되기도 했어요. 무엇보다 평등과 **워라밸**을 중시하는 젊은이들에게 공무원 사회의 경직된 연공서열 문화와 과도한 업무량은 치명적이지요.

불과 10여 년 전에는 유능한 인재들이 모두 공무원만 쫓는다는 비판도 일었으나, 이제는 젊고 유능한 공무원들이 모두 공직을 떠나는 것을 막기 위한 **대책**이 필요해요.

- **경쟁률** 경쟁의 비율
- **공직** 국가 기관이나 공공 단체의 일을 맡아보는 직책
- **퇴직** 현직에서 물러나거나 일을 그만둠
- **워라밸** 워크라이프 밸런스를 줄여 이르는 말로 인과 개인의 삶 사이의 균형을 말함
- **대책** 어떤 일에 대처할 계획이나 수단

기사 깊이 알아보기

1. 공무원의 인기가 떨어지고 있는 이유는 무엇인가요?

2. 나는 커서 어떤 직업을 가지고 싶은지 이야기를 나눠 보아요.

단어 깊이 알아보기

괄호 안에 들어갈 단어를 찾아보아요.

1. 워라밸 • • ① 뾰족한 (　　)가(이) 떠오르지 않는다.
2. 공직 • • ② 김 장관은 자신의 잘못이 드러나자 (　　)에서 물러났다.
3. 퇴직 • • ③ 할아버지는 (　　)하신 뒤에 고향으로 귀향하셨다.
4. 대책 • • ④ 이모는 (　　)를(을) 위해 프리랜서로 일한다.
5. 경쟁률 • • ⑤ 신인 아역배우 선발 (　　)가(이) 500대 1이었다.

사자성어 깊이 알아보기

연공서열(年 해 년, 功 공 공, 序 차례 서, 列 벌릴 렬(열))

학교나 회사, 사회에서 나이 혹은 학력, 지위 등을 우선적으로 대우해 주는 제도를 뜻해요. 요즘에는 연공서열이 아닌 실력을 중심으로 능력을 인정해 주는 '성과주의'를 더욱 선호한답니다.

어떤 주제일까요?

• 경제　• 정치　• 사회　• 문화　• 과학　• 국제　• 환경　• 인물

정답: 1-④ 2-② 3-③ 4-① 5-⑤

영화 스트리밍 시대를 연 넷플릭스, 리드 헤이스팅스

요즘에는 인터넷이 연결되는 곳이라면 어디서든 영화를 볼 수 있습니다. 예전에는 영화를 보려면 비디오나 디브이디(DVD)를 **대여**해야 했어요. 간혹 늦게 반납하면 **연체료**도 내야 했지요. 이를 불편하게 여긴 리드 헤이스팅스는 연체료가 없는 디브이디 대여 서비스를 만들었는데, 이것이 바로 넷플릭스의 시작이었어요.

1997년에 헤이스팅스가 세운 넷플릭스는 세계 최초로 월간 정액제 서비스를 도입하여 한 달에 단돈 5달러로 디브이디를 무제한으로 빌려 볼 수 있는 서비스를 제공했어요. 빌려 가는 디브이디 개수에 따라 돈을 받지 않고, 저렴한 가격에 무제한으로 대여할 수 있게 한 방식은 당시에 꽤 높은 인기를 얻었지요. 2007년부터는 인터넷 동영상 **스트리밍** 서비스도 시작했는데, 소비자들은 더 이상 디브이디를 구매하거나 빌리지 않아도 간편하게 집에서 다양한 영화를 볼 수 있게 되었어요. 그리고 이 스트리밍 서비스는 디즈니플러스, 티빙, 쿠팡 플레이, 웨이브 등의 다양한 OTT 서비스 상용화에 큰 기여를 했지요.

2011년에 들어서면서 넷플릭스는 직접 영화와 드라마를 만들기 시작했고, 결과는 대성공이었어요. 넷플릭스는 지금도 여러 영화와 드라마를 성공하며 OTT 서비스 시장의 **대들보**로 자리매김했어요.

- **대여** 물건이나 돈을 돌려받기로 하고 얼마 동안 빌려 주는 것
- **연체료** 정한 기한에 약속을 지키지 못했을 때 날짜에 따라 더 내는 돈
- **스트리밍** 음악 파일이나 동영상 파일을 저장하지 않고 인터넷에서 실시간으로 재생하는 일
- **대들보** 한 나라나 집안의 운명을 지고 나갈 만큼 중요한 사람을 비유적으로 이르는 말

 기사 깊이 알아보기

1. 넷플릭스나 다른 OTT를 통해 영화나 드라마를 본 적이 있나요? 어떤 작품이었는지 이야기를 나눠 보아요.

2. 다음 문장에서 원인과 결과를 알맞게 이어 보세요.

비디오나 디브이디를 빌릴 때 늦게 반납하면 연체료를 내야 해서 불편함을 느낌	디브이디를 구매하거나 빌리지 않아도 집에서 다양한 영화를 볼 수 있음
넷플릭스가 인터넷 동영상 스트리밍 서비스를 시작함	연체료가 없는 디브이디 대여 서비스를 만듦

 단어 깊이 알아보기

밑줄 친 ㉠과 ㉡의 뜻과 가장 잘 어울리는 어휘를 보기에서 고르세요.

보기	대여	대들보	스트리밍	연체료

- 도서관에서 책을 ㉠빌리는 기간이 보통 얼마나 되는지 아세요?
- 보통은 2주간 빌릴 수 있는데, ㉡반납일을 지키지 못한다고 돈을 내야 하는 것은 아니지만, 한 달간 책을 빌릴 수 없는 패널티를 받을 수 있어.

㉠: _____   ㉡: _____

 여기서 잠깐, 상식 노트

'오버더톱(OTT, over the top) 서비스'는 '세톱박스를 넘어'라는 뜻으로, 인터넷을 통해 사용자가 원할 때 방송을 보여 주는 VOD서비스를 말해요.

   · 경제   · 정치   · 사회   · 문화   · 과학   · 국제   · 환경   · 인물

'심심한' 사과를 드립니다

　한 인터넷 카페에서 시스템 오류가 생긴 것에 대해 '심심한 사과의 말씀을 드립니다'라는 사과문이 올라왔어요. 그러자 일부 누리꾼들 사이에서 '왜 사과를 심심하게 하느냐'며 항의하는 일이 발생했지요. 사과문에 나와 있는 '심심하다'는 '매우 깊고 **간절하다**'는 뜻의 한자어인데, 지루하고 재미없다는 뜻의 '심심하다'로 이해한 것이지요. 이뿐 아니라 3일을 뜻하는 순 우리말인 '사흘'을 '4흘'로 이해하여 '3일인데 왜 사흘이라고 표기하냐'라고 항의하거나, 어쩔 수 없이라는 뜻을 가진 '하릴없이'를 '할 일 없다'로 해석하는 경우도 있었지요. 오늘을 뜻하는 '금일'을 '금요일'로 알아듣거나, 점심 식사를 제공한다는 뜻의 '중식 제공'을 중국식 식사로 이해하는 경우도 있다고 하니 참 심각한 상황이에요.

　책보다 영상에 익숙한 젊은 세대들의 **어휘력**과 **문해력**은 심각하게 **저하**되고 있어요. 문해력이 저하되는 **현상**은 비단 우리나라만의 문제가 아니에요. 특히 쇼츠 영상에 빠져 있는 젊은 세대의 문해력 향상을 위해 각국에서는 다양한 정책을 펼치고 있어요. 그중 독서 교육은 빼놓을 수 없고요.

　문해력은 글을 읽고 이해하기 위해서도 중요하지만 **타인**과 소통하기 위해서도 매우 중요해요. 정확한 단어의 뜻을 이해하지 못하면 다른 사람의 말을 오해하는 경우가 생길 수도 있으니까요.

- **간절하다** 마음에서 우러나와 바라는 정도가 매우 절실하다
- **어휘력** 단어를 이해하고 활용하는 능력
- **문해력** 글을 읽고 이해하는 능력
- **저하** 정도, 수준, 능률들이 떨어져 낮아짐
- **현상** 나타나 보이는 현재의 상태
- **타인** 다른 사람

기사 깊이 알아보기

1. 기사를 읽고 다음 문장이 설명하는 단어를 넣으세요.

① 매우 깊고 간절하다: _____

② 3일을 뜻하는 순우리말: _____

③ 어쩔 수 없이: _____

④ 오늘: _____

⑤ 중식: _____

2. 글을 읽을 때 모르는 단어가 있으면 앞뒤 문맥을 보고 단어를 짐작해 본 뒤에 국어 사전을 찾아보는 것이 좋아요. 기사에 나온 단어를 국어 사전에 실리는 차례대로 써 보세요.

| 간절하다 | 어휘력 | 문해력 | 저하 | 현상 | 타인 |

( ) → ( ) → ( ) → ( ) → ( ) → ( )

 단어 깊이 알아보기

단어의 뜻을 올바르게 이어 보아요.

1. 문해력 •   • ① 단어를 조합하여 글을 지어내는 능력이다.
2. 어휘력 •   • ② 단어의 뜻을 이해하고 활용하는 능력이다.
　　　　　　　　 • ③ 글을 읽고 이해하는 능력이다.

 여기서 잠깐, 상식 노트

본문에서 나온 '심심하다'나 과일의 '배'와 사람이나 동물의 가슴과 엉덩이 사이를 가리키는 '배'와 같이 발음하여 나는 소리는 같지만 의미가 전혀 다른 단어를 한자어로는 **'동음이의어(同音異議語)'** 라고 해요.

 • 경제 • 정치 • 사회 • 문화 • 과학 • 국제 • 환경 • 인물

동물 학대 결사 반대!
비건 패션으로 패셔니스타 되기

개인의 **가치관**이나 종교의 가르침 등 다양한 이유로 동물 착취에 반대하고 **채식**을 하는 사람들을 '채식주의자'라고 해요. 비건은 채식주의자를 설명하는 용어 중의 하나로 고기는 물론이고 가죽 제품이나 동물의 털로 만드는 섬유, 심지어 동물 화학 실험을 하는 동물성 제품을 전면적으로 반대하는 사람들을 **지칭**하는 표현인데요. 최근 비건들이 패션업계에도 큰 영향을 미치고 있습니다.

지금까지 패션업계에서는 보온성이 뛰어난 동물의 털과 부드러운 촉감의 동물 가죽으로 옷이나 가방 등을 만들어 왔어요. 그러나 동물 생명 윤리에 대한 인식이 높아지면서 가죽이나 모피처럼 동물을 원료로 사용하는 것을 자제하자는 목소리가 커졌습니다. 동물의 가죽이나 털을 얻는 과정에서 동물 **학대**가 **자행**되는 경우가 많거든요. 이에 더불어 기술의 발달로 다양한 섬유들이 개발되면서 기능적으로 뛰어난 제품을 많이 만들 수 있다는 것도 이러한 주장을 뒷받침해 주고 있습니다. 비윤리적인 동물 학대를 방지하고, 동물을 도축하는 과정에서 발생하는 환경 오염을 줄인다는 측면에서 채식을 하지 않는 사람들에게도 비건 패션은 크게 각광받고 있습니다.

- **가치관** 인간이 가지는 근본적 태도, 가치에 대한 관점
- **채식** 고기류를 먹지 않고 식물성 음식만 먹는 것
- **지칭** 어떤 대상을 가리켜 이르는 일
- **학대** 몹시 괴롭히거나 가혹하게 대우함
- **자행** 제멋대로 해 나감

기사 깊이 알아보기

1. 우리 주변에서 동물을 이용하여 만든 음식이나 물건 들을 찾아보세요.

2. 가죽, 모피 등 동물을 이용한 원료 사용을 줄이자고 주장하는 이유는 무엇인가요?

단어 깊이 알아보기

1. 여자 친구가 다이어트를 한다면서 [ㅊ][ㅅ]를(을) 선언했다.

2. 아동 [ㅎ][ㄷ]는(은) 엄히 다스려야 한다.

3. 우리 집에서 '금쪽이'는 말썽꾸러기 내 동생을 [ㅈ][ㅊ]하는 말이다

4. 친구들과는 [ㄱ][ㅊ][ㄱ]가(이) 잘 맞아야 한다.

5. 나쁜 짓을 서슴없이 [ㅈ][ㅎ]하다.

어떤 주제일까요?

· 경제 · 정치 · 사회 · 문화 · 과학 · 국제 · 환경 · 인물

정답: 1. 채식 2. 학대 3. 지칭 4. 거취감 5. 자행

어디로든 드론이 간다!

우리나라는 배송, 배달 서비스가 굉장히 발달한 나라예요. 외국인들이 한국에 와서 가장 놀란 것을 뽑으라고 하면 늘 상위권을 차지하는 것이 바로 빠르고 정확한 배송 서비스지요. 그러나 사람들이 드나들기 힘든 산골 지방, 즉  배송이 어려운 배송 **취약** 지역은 아직 남아 있었는데 이젠 걱정할 필요가 없겠습니다. 배송 취약 지역을 겨냥한 드론 배송 서비스가 최근 오픈했으니까요. 경북 김천시와 드론 배송업체 니나노컴퍼니는 전원주택 단지와 오토 캠핑장 등에 드론으로 물건을 배송하는 **서비스**를 시범 운영하기로 했습니다. 총 4킬로그램 무게의 상품을 실을 수 있고, 최소 주문 금액(8천 원)만 채우면 배달료 부담도 없어요.

충남 태안군에서도 캠핑장 등 관광 시설과 CU 편의점 매장 간 배달 서비스를 준비 중이며, GS25 편의점에서도 드론 배송 테스트를 진행하고 있어요. 드론 배송 시장의 **성장세**가 매우 **가팔라서** 편의점 업계는 드론 배송 상용화에 공을 들이고 있어요. 이커머스가 빠른 배송을 앞세워 성장한 만큼 편의점도 드론 배송을 통해 매출을 향상시킬 수 있을 거라 **전망**하고요. 드론 배송이 활성화되면 배송 비용도 절감되고, 배송 취약 지역 사람들이 편리하게 집 앞에서 물건을 받아 볼 수 있을 것으로 기대된답니다.

- **취약** 무르고 약함
- **서비스** 남을 돕거나 여러 가지 일을 해 주는 것
- **성장세** 어떤 일이나 상태가 자라 가는 속도나 움직임
- **가파르다** 산이나 길이 몹시 기울어져 있다
- **전망** 앞날을 헤아려 내다봄. 또는 내다보이는 장래의 상황

📝 기사 깊이 알아보기

1. 사람이 이동하거나 물건을 옮기는 데 사용하는 방법이나 도구를 '교통수단'이라고 해요. 드론도 물건을 옮기는 데 사용된다는 점에서 교통수단이라고 할 수 있지요. 그렇다면 우리 주변에서 흔히 볼 수 있는 교통수단에는 어떤 것들이 있을까요?

_____

_____

_____

2. 교통수단을 이용하면 좋은 점에 대해 써 보세요.

_____

_____

_____

💡 단어 깊이 알아보기

1. 맥도날드에서 자리로 가져다주는 ㅅ ㅂ ㅅ 를(을) 시작했대. 이젠 주문하고 자리에서 기다리래.

2. 이건 열에 ㅊ ㅇ 한 물건이라 불 가까이에 가져가면 안 돼!

3. 북악산은 산새가 험하고 ㄱ ㅍ ㄹ ㅅ 꼭 등산화를 신고 올라야 해.

4. 합기도장에 오는 1학년생들의 ㅅ ㅈ ㅅ 가(이) 무서워. 나도 자만하면 안 되겠어!

5. 그 싸움에서 우리가 이길 ㅈ ㅁ 는(은) 전혀 보이지 않았다.

🔍 어떤 주제일까요?

• 경제 • 정치 • 사회 • 문화 • 과학 • 국제 • 환경 • 인물

정답: 1. 서비스 2. 취약 3. 가파르서 4. 성장세 5. 조짐

미세 플라스틱이
자폐 스펙트럼 장애의 원인이라니!

　드라마 「이상한 변호사 우영우」를 본 적이 있나요? 주인공 우영우는 자폐 스펙트럼 장애를 지닌 변호사예요. 자폐 스펙트럼 장애는 사회적 관계 형성이 어렵고, 타인과의 상호 작용이 어려운 신경 발달 장애를 말해요. 주요한 증세로는 의사소통의 어려움과 반복적인 행동, **집착**과 제한된 관심 등이 있고요. 세계 보건 기구(WHO)에서는 아동 100명 중 1명꼴로 이 장애가 나타난다고 보고했는데, 최근 10년 사이 급격히 늘어났어요. 그리고 최근 한국의 연구팀이 '미세 플라스틱'이 자폐 스펙트럼 장애를 유발한다는 연구 결과를 **입증**하면서 세상을 깜짝 놀라게 했어요.

　한국 원자력 의학원 연구팀은 쥐를 대상으로 한 실험에서 미세 플라스틱을 섭취한 실험 쥐들에게 사회성이 감소하고 반복적인 행동이 증가한다는 것을 발견했어요. 특히 2주간 미세 플라스틱을 먹인 어미 쥐에게서 태어난 새끼 쥐는 태어난 지 4주차쯤에 증상이 나타났어요. 연구진은 새끼 쥐의 뇌 조직을 분석한 결과 미세 플라스틱이 파편 형태로 뇌에 **침착된** 것을 확인할 수 있었지요.

　이전까지 자폐 스펙트럼 장애는 유전적 요인이 강하게 작용하는 것으로 알려졌을 뿐, 정확한 원인은 밝혀지지 않았어요. 그러던 중에 임신과 출산의 과정에서 미세 플라스틱에 노출될 경우 발병 **확률**을 높일 수 있다는 것과, 환경 오염이 장애를 **유발**할 수 있는 아주 유해한 것임이 증명되었지요.

- **집착** 특정한 것에 늘 마음이 쏠려 잊지 못하고 매달림
- **입증** 어떤 증거를 내세워 증명함
- **침착되다** 가라앉아서 들러붙게 되다.
- **확률** 일정한 조건 아래에서 사건이 일어날 가능성의 정도
- **유발** 어떤 것이 다른 일을 일어나게 함

기사 깊이 알아보기

1. 미세 플라스틱을 섭취한 실험 쥐들에게서 어떤 증상이 발견되었나요?

_____

_____

2. 우리 주변에서 볼 수 있는 플라스틱으로 만든 물체를 쓰고 물질의 성질을 생각해 보아요.

> **tip** <물질이란?>
> 물체를 만드는 재료를 물질이라고 해요. 물질의 종류에는 나무, 금속, 고무, 플라스틱, 유리, 섬유, 가죽 등이 있어요.

플라스틱으로 만든 물체	물질(플라스틱)의 성질

단어 깊이 알아보기

단어의 뜻을 올바르게 이어 보아요.

1. 집착 • 　　• ① 소문은 또 다른 소문을 (　　)한다.
2. 침착 • 　　• ② 이 경기에선 우리 팀이 이길 (　　)가(이) 크다.
3. 입증 • 　　• ③ 약품의 효능을 (　　)하기 위해 백방으로 뛰어다녔다.
4. 확률 • 　　• ④ 여드름으로 얼굴에 색소 (　　)가(이) 남았다.
5. 유발 • 　　• ⑤ 아빠는 골프에 (　　)하며 매일 연습장에 나간다.

어떤 주제일까요?   • 경제   • 정치   • 사회   • 문화   • 과학   • 국제   • 환경   • 인물

 정답: 1-⑤ 2-④ 3-③ 4-② 5-①

뻐꾸기의 알 바꿔치기

　뻐꾸기는 다른 새 둥지에 알을 낳아 대신 품어 기르게 하는 '탁란'을 해요. 탁란을 하려는 어미 뻐꾸기는 **둥지**가 비어 있는 다른 새 둥지에 슬그머니 알을 낳고, 원래 있던 알을 둥지 밖으로 떨어뜨려요. 둥지로 돌아온 주인은 알의 개수가 그대로인 걸 보고, 둥지 안의 알들을 정성껏 품어요. 뻐꾸기 알인 줄도 모르고요. 이윽고 알을 깨고 나온 새끼 뻐꾸기는 자신의 어미가 했던 것처럼 둥지 안의 알을 모두 밖으로 밀어내고 홀로 둥지 주인의 보살핌을 받으며 자라지요. 개개비와 같은 새들은 자기보다도 훨씬 큰 뻐꾸기 새끼를 자기 새끼인 줄 알고 먹이를 물어다 주어요.

　그런데 아프리카갈래꼬리순금은 이러한 뻐꾸기의 **속임수**에 빠지지 않고 알을 **구별**할 수 있다는 연구 결과가 발표되었어요. 아프리카 뻐꾸기와 아프리카갈래꼬리순금의 알은 **육안**으로 구분하기는 매우 어려워요. 하지만 아프리카갈래꼬리순금은 무려 93.7퍼센트의 확률로 숨은 뻐꾸기의 알을 가려 냈어요. 연구진이 실험을 위해 비슷한 모양의 알을 골라 바꾸어 보았지만 자신의 알이 아니라고 판단되면 즉시 둥지 밖으로 떨어뜨렸어요. 이에 연구팀은 아프리카갈래꼬리순금이 지문처럼 무늬를 넣는 방식으로 자신의 알을 구분하는 것으로 보인다고 이야기했어요. 자연 선택적 **진화** 과정에서 알을 구별하는 능력을 습득하게 된 것이지요. 이런 능력을 갖게 된 것이 아프리카 뻐꾸기에게는 불행한 일이에요. 한편 연구진은 탁란에 의지하는 아프리카 뻐꾸기의 개체 수가 줄어들 수도 있다고 예측했어요.

- **둥지** 새가 알을 낳거나 길들이는 곳
- **속임수** 남을 속이는 짓
- **구별** 성질이나 종류에 따라 갈라놓는 것
- **육안** 안경이나 현미경 등을 이용하지 않고 직접 보는 것
- **진화** 생물이 환경에 적응하면서 점진적으로 변해 가는 현상

 **기사 깊이 알아보기**

1. 뻐꾸기의 '탁란'이란 무엇인지 설명해 보아요.

_____

_____

_____

2. 뻐꾸기처럼 알을 낳는 동물에는 어떤 동물이 있을까요? 알을 낳는 동물을 찾아 그것의 한살이를 이야기해 볼까요.

_____

_____

_____

 **단어 깊이 알아보기**

단어의 뜻을 올바르게 이어 보아요.

1. 육안 •   • ① 새가 알을 낳아 기르고 일정 기간 동안 길들이는 곳

2. 구별 •   • ② 성질이나 종류가 같은 것끼리 갈라놓는 것

3. 둥지 •   • ③ 생물이 환경에 적응하면서 차차 변해 가는 과정이나 현상

4. 진화 •   • ④ 어떠한 도구를 사용하지 않고, 눈으로 직접 들여다보다

5. 속임수 •   • ⑤ 남의 눈을 속이는 짓

 • 경제 • 정치 • 사회 • 문화 • 과학 • 국제 • 환경 • 인물

정답 1-④ 2-② 3-① 4-③ 5-⑤

설날 용돈은 얼마를 주고, 얼마를 받아야 할까?

"과일, 고기, 생선까지 안 오른 게 없어요. 물가도 많이 올랐는데 부모님, **조카**들 용돈도 올려야 할 것 같아 부담이 됩니다."

직장인 A씨는 명절을 앞두고 걱정이 많습니다. 마음 같아서는 부모님께 용돈을 넉넉히 드리고 조카들에게 세뱃돈도 두둑이 챙겨 주고 싶지만 주머니 사정이 여의치 않습니다.

고물가 시대를 맞아 설 **명절**을 앞두고 스트레스를 받는 어른들이 많다는 조사 결과가 나왔습니다. 명절은 많은 가족들이 모이는 즐거운 날이기도 하지만, 어른들에게는 돈 쓸 일이 많아 스트레스를 받는 날이기도 한 것이지요.

한화 생명에서는 임직원을 대상으로 '설날 및 세뱃돈'과 관련한 **설문 조사** 결과를 발표했는데 초등학생 이하는 3만 원, 중학생은 5만 원, 대학생은 10만 원이 적정선이라는 결과가 나왔어요. 같은 회사에서 10년 전에 했던 설문 조사에서는 초등학생 1만 원, 중학생 3만 원, 대학생은 5만 원이라는 답변이 가장 많았던 것을 고려하면 그사이 세뱃돈에도 **인플레이션**이 생긴 것이지요. 하지만 설날은 가족끼리 새해 인사와 **덕담**을 나누려는 것이 본질이니만큼, 세뱃돈 액수를 따지기보다 따뜻한 마음과 정을 나누었으면 좋겠습니다.

- **조카** 형제 자매의 자식
- **명절** 해마다 일정하게 지키어 기념하는 때. 우리나라에는 설날, 대보름날, 추석 등이 있다
- **설문 조사** 통계 자료의 결과를 얻기 위해 어떤 주제에 대해 묻는 조사
- **인플레이션** 통화량이 증가하여 물가가 오르는 현상
- **덕담** 남이 잘 되기를 비는 말, 주로 새해에 많이 나누는 말이다.

기사 깊이 알아보기

1. 명절 스트레스에 대해 이야기를 나눠 보아요.

---

2. 지난 새해에 우리 가족은 어떤 덕담을 나누었나요?

단어 깊이 알아보기

1. 설날과 추석은 우리나라를 대표하는 ㅁ ㅈ 입니다.
2. 사촌 언니는 엄마의 ㅈ ㅋ (이)고, 나는 이모의 ㅈ ㅋ 래요.
3. ㅇ ㅍ ㄹ ㅇ ㅅ (으)로 아이스크림 가격이 올랐습니다.
4. 세뱃돈을 ㄷ ㄷ (으)로 대신하다니, 엄마는 정말 구두쇠라니까.
5. 급식 선호도를 위한 ㅅ ㅁ ㅈ ㅅ 를(을) 실시하겠습니다.

 • 경제 • 정치 • 사회 • 문화 • 과학 • 국제 • 환경 • 인물

정답 1. 명절 2. 조카 3. 인플레이션 4. 다담 5. 설문조사

세기의 장난감, 레고

생일 선물이나 크리스마스 선물로 '레고'를 받아 본 적이 있나요? 어린이들이 가장 좋아하는 장난감 중 하나로 꼽히는 레고는 덴마크어로 '잘 놀자'라는 뜻으로, 작은 벽돌 모양의 부품을 조립하여 만드는 장난감입니다. 어린이뿐 아니라 어른들에게도 인기가 많아서 **마니아**층이 두터운 장난감이지요.

레고는 덴마크에서 **목수**였던 올레 키르크 크리스티안센이 만든 회사입니다. 그래서 원래는 나무로 장난감을 만들었는데, 1947년부터 플라스틱으로 대량 생산했어요. 이후 올레의 아들 고트프레드 키르크 크리스티안센이 회사를 한층 발전해 나가는데요. 블록 내부에 원형 기둥을 넣어 블록끼리 단단하게 잘 끼워지도록 **결합** 구조를 강화하고 특허 출원을 한 거예요. 그때 만들어진 레고 브릭의 디자인은 1958년부터 현재까지 유지되고 있습니다. 이로써 레고는 대를 이어 간직할 수 있고 변하지 않는다는 철학을 보여 주고 있지요. 레고는 미국 경제 전문지 《포춘》에서 세기의 장난감으로 선정되기도 했어요.

레고는 비디오 게임과 컴퓨터 게임이 인기를 얻으며 한때 하락세를 겪기도 했지만, 대대적인 혁신을 통해 위기를 극복하고 아직까지도 많은 사람들에게 큰 사랑을 받고 있습니다. 최근에는 코딩과 **접목**하여 학습용으로 활용되기도 하고요. 전 세계 10개 도시에 테마파크 '레고랜드'도 세워졌어요. 지난 2022년에는 우리나라 강원도 춘천에 레고랜드가 설립되었습니다.

- **마니아** 어떤 한 가지 일에 몹시 열중하는 사람. 또는 그런 일
- **목수** 나무를 다루어 집을 짓거나 가구, 기구 따위를 만드는 일을 직업으로 하는 사람
- **결합** 둘 이상의 사물이 하나가 되게 함
- **접목** 둘 이상의 현상 따위를 알맞게 조화함을 비유적으로 이르는 말

 **기사 깊이 알아보기**

1. 레고나 블록 놀이를 한 경험을 떠올려 보고, 인상 깊었던 일을 자세히 설명해 보아요.

언제, 어디에서, 누구와 있었던 일인가요?	
무슨 일이 있었는지 자세히 떠올려 보세요.	
어떤 마음이 들었나요?	
왜 그런 마음이 생겼나요?	

2. 위에서 정리한 내용으로 글을 쓴 다음 '고쳐쓰기'를 하여 긴 글로 만들어 볼까요.

> **tip** <고쳐쓰기의 좋은 점>
> • 내가 전하고자 한 내용을 효과적으로 표현했는지 확인할 수 있어요.
> • 잘못된 표현이나 띄어쓰기를 고칠 수 있어요.
> • 글의 내용이 자연스럽게 이어지게 고칠 수 있어요.

 **단어 깊이 알아보기**

단어의 뜻을 올바르게 이어 보아요.

1. 마니아 •   • ① 이 음악은 클래식과 국악을 (　　)한 곡이다.
2. 결합 •   • ② 물은 산소와 수소의 (　　)(으)로 이뤄진다.
3. 목수 •   • ③ 솜씨 좋은 (　　)가(이) 나무로 기둥을 세웠다.
4. 접목 •   • ④ 나는 매운 맛 (　　)(으)로 마라탕을 특히 좋아한다.

 **어떤 주제일까요?** 　• 경제　• 정치　• 사회　• 문화　• 과학　• 국제　• 환경　• 인물

정답 1-④ 2-② 3-③ 4-①

우리 집은 하루에 얼마나 먹을까?

간식을 사는 데 용돈을 얼마나 쓸까요? 각 가정의 생활비 중에서 음식값은 몇 퍼센트나 될까요? 독일의 통계학자 에른스트 엥겔은 가계 지출액 중 식료품비가 차지하는 비율을 보면 가계의 생활 수준을 **가늠할** 수 있다고 했어요. 이것을 '엥겔지수'라고 하는데, 소득이 높을수록 엥겔지수는 낮게 나타나요. 부자라고 하루에 10끼씩 먹을 수 있는 건 아니라서 식비는 소득에 비례하여 무제한으로 늘어나지 않아요. 반대로 아무리 아껴 쓰려고 노력해도 식료품을 사는데 반드시 일정 금액을 사용해야 해요. 따라서 소득이 높은 사람들은 소득에 비해 식료품비 비중이 낮고, 소득이 낮은 사람들은 식료품비 비중이 높다고 느낄 수 있어요.

통계청의 발표 자료에 따르면 2021년 우리나라 **가계**의 평균 엥겔지수는 약 12.8퍼센트로 코로나 전인 2019년 11.4퍼센트보다 약 1.4퍼센트가 올랐어요. 이 수치는 같은 기간 G5 국가가 평균 0.9퍼센트 오른 것에 비해 높은 수치지요. 즉 우리나라 저소득층의 생활비 부담이 커졌다고 볼 수 있어요. 하지만 전 세계적인 **불황**에서 우리나라의 엥겔지수가 높이 상승한 이유 중에는 주요 농산물의 대부분을 수입에 **의존**하기 때문이라는 분석도 있어요.

식료품비가 오를수록 저소득층은 **생계유지**가 어려워지니 정부는 물가 안정을 위한 노력이 시급해요. 또한 각 가정에서도 **외식**을 줄이고 필요한 만큼만 식재료를 사는 노력이 필요하겠지요.

- **가늠하다** 어림잡아 헤아림
- **불황** 경제 활동이 침체되는 상태
- **생계유지** 살아갈 방도를 찾아 이어 나감
- **외식** 집에서 밥을 해 먹지 않고 밖에서 음식을 사 먹음
- **가계** 가정 살림을 같이하는 생활 공동체
- **의존** 다른 것에 의지하여 존재함

기사 깊이 알아보기

1. 우리나라의 엥겔지수가 다른 나라보다 상승한 이유는 무엇인가요?

2. 우리 집의 엥겔지수를 낮추려면 어떻게 해야 할지 써 봅시다.

단어 깊이 알아보기

1. 우리집 ㄱ ㄱ 구성원은 엄마, 아빠, 형 그리고 동생과 나 이렇게 총 다섯이다.
2. 우리 아들, 독서 골든벨에서 최후의 1인으로 남았다니 기특하네. 기분이다, 오늘 저녁은 ㅇ ㅅ 하러 가자!
3. 대학생이 된 누나는 아르바이트를 할 생각도 없고, 여전히 엄마에게 ㅇ ㅈ 적으로 산다.
4. 전봇대의 높이를 ㄱ ㄴ 할 수 있겠니?
5. 아빠가 돌아가신 뒤, 가족의 ㅅ ㄱ 를(을) 위해 엄마가 회사에 출근하기로 했다.

여기서 잠깐, 상식 노트

'**G5 국가**'란 미국, 영국, 프랑스, 독일, 일본을 말해요. 1970년대에 미국 우호 국가들이 공산주의에 대항하고 오일 쇼크로 인한 혼란을 극복하기 위해 시작되었어요. 다른 의미로는 경제 규모와 세계 정치에 대한 영향력이 높은 다섯 국가를 뜻하지요.

어떤 주제일까요? ・경제 ・정치 ・사회 ・문화 ・과학 ・국제 ・환경 ・인물

정답 1. 가구 2. 외식 3. 의존 4. 가늠 5. 생계

세상에서 가장 비싼 도시에 사는 캥거루족

　세계에서 가장 비싼 동네는 어디일까요? 글로벌 분석업체 ECA 인터내셔널은 매년 **통화 가치**, 임대료, 생활비 등을 책정하여 외국인이 살기 비싼 도시 순위를 공개하고 있어요. 2023년 결과로 1위는 뉴욕, 2위는 홍콩이 차지했어요. 두 지역 모두 임대료와 생활비가 매우 높은 지역으로 매년 1, 2위를 다투고 있지요. 서울은 올해 9위를 차지했는데, 실제로 서울에서 일하는 회사원 최모 씨는 '서울은 물가, 집값 등이 지방에 비해 너무 비싸서 월급만으로 생활하기에 빠듯하다'며 '앞으로 계속 서울에 살아야 할지 고민'이라고 어려운 상황을 토로했어요.

　한편 글로벌 물가 통계 사이트인 넘베오에서는 전 세계의 식료품 물가 순위를 조사했어요. 서울의 식료품 물가는 전 세계 557개 도시 중 15번째로, 미국의 대표 도시인 12위의 뉴욕과 13위의 샌프란시스코 물가가 비슷한 수준입니다. 아시아의 도시 중에서는 30위 권 내에 있는 **유일**한 도시고요. 상황이 이렇다 보니 높은 임대료와 식료품 물가에 **취업난**까지 겹쳐 부모님 집으로 돌아가는 2030세대들이 늘고 있어요. 또 취업에 성공하더라도 생활비를 아끼기 위해 **자발적** '캥거루족'을 택하고 있는 실정이지요. 상황이 이렇다 보니 정부도 물가를 잡기 위해 **총력**을 기울이고 있지만, 서민들의 한숨은 나날이 깊어지고 있어요.

- **통화 가치** 지불 수단으로 사용하는 화폐가 지니는 구매력
- **유일** 오직 하나밖에 없음
- **취업난** 일자리를 구하는 사람은 많고 일자리는 적어 일자리를 구하기 위해 겪는 어려움
- **자발적** 남이 시키거나 요청하지 않아도 스스로 행동하는 것
- **총력** 전체의 모든 힘

기사 깊이 알아보기

1. 어째서 2030세대가 부모님 집으로 돌아가는지 이야기를 나눠 보아요.

2. 함께 사는 가족 구성원 간에 생길 수 있는 갈등을 막기 위해 어떤 노력을 해야 할까요?

단어 깊이 알아보기

1. 나는 우리 외갓집의 ㅇ ㅇ 한 손자다.
2. ㅊ ㅇ ㄴ 가(이) 심한 나머지 우리 사촌 누나는 군인으로 자원 입대를 했다.
3. 여러분, 이번 운동회에서 반 대항 계주에 ㅊ ㄹ 를(을) 다해야 합니다!
4. 엄마가 외출한 동안 아빠가 ㅈ ㅂ ㅈ (으)로 화장실 청소를 했다.
5. 우리나라의 ㅌ ㅎ ㄱ ㅊ 는(은) 동남아시아의 화폐보다 높은 편이다.

여기서 잠깐, 상식 노트

'**캥거루족**'이란, 경제적인 자립이 되지 않아 부모님과 동거하는 청년들을 일컫는 말이에요. 캥거루 새끼가 어미 캥거루의 주머니에 있는 것처럼 부모님에게 독립하지 못하는 모습을 비유한 표현이지요.

어떤 주제일까요?

• 경제 • 정치 • 사회 • 문화 • 과학 • 국제 • 환경 • 인물

"셀프 계산대를 이용해 주세요!" 키오스크가 무서운 노인들

매장에 들어와 점원 앞에 선 할아버지 한 분이 **머쓱하게** 다시 돌아서 셀프 계산대 앞으로 갔어요. 기계를 어떻게 다뤄야 할지 몰라 한참을 서성이던 할아버지는 다른 손님의 도움으로 겨우 음식을 주문했지요. 이건 최근 여러 식당과 카페 등에 키오스크가 들어서면서 심심치 않게 볼 수 있는 장면이에요. 인건비를 절약하기 위해 만들어진 키오스크는 코로나 19로 비대면 서비스가 확대되면서 **보편화**되었지만, 스마트 기기 사용이 익숙하지 않은 고령층을 비롯한 디지털 약자의 불편함도 함께 커졌어요. 급기야 기계 안의 글씨는 너무 작고, 조작 방법도 복잡한 것이 노인들을 향한 '**암묵적** 차별'이 아니냐는 비판까지 나오고 있습니다.

이러한 불편함을 해결하고자 기업과 지자체는 노인들을 위한 스마트 기기 사용 교육을 마련하는 등 각고의 노력을 하고 있어요. 최근 롯데리아는 서울시와 **협약**을 맺고 고령층을 위한 '디지털 **마실**'을 진행했지요. 키오스크 사용이 어려운 노인들에게 사용 방법을 알려 주고, 롯데리아 매장에 설치된 키오스크로 직접 주문해 볼 수 있게 한 거예요. 교육에 참여한 노인들은 '이러한 교육이 앞으로 더 **확대**' 되길 바라고, 기기 사용이 어려운 노인들이 도움을 요청할 때 친절히 안내해 주는 배려가 생기길 바란다는 마음을 전했어요.

- **머쓱하다** 무안을 당하거나 흥이 꺾여 어색하고 부끄럽다
- **보편화** 널리 일반인에게 퍼짐
- **암묵적** 자기의 의사를 밖으로 드러내지 아니한 것
- **협약** 협상에 의해 맺은 조약
- **마실** 이웃에 놀러 다니는 일
- **확대** 모양이나 규모 따위를 더 크게 함

기사 깊이 알아보기

1. 키오스크를 사용하기 어려워하는 웃어른이 계시면 어떻게 해야 할까요?

2. 다음 문장이 잘못된 표현인 까닭을 쓰고, 문장을 바르게 고쳐 보세요.

  "주문하신 음식 나오셨습니다."

단어 깊이 알아보기

1. 준우는 선생님께 혼이 나고 ㅁ ㅆ 하여 머리를 긁적거렸다.

2. 저녁을 먹고 나서는 숙제하고 샤워하는 것이 엄마와 ㅇ ㅁ ㅈ (으)로 한 약속이다.

3. 남북간의 교류가 ㅎ ㄷ 되었다.

4. 할머니가 노인정으로 ㅁ ㅅ 를(을) 나가셨다.

5. 초등학생 휴대 전화 사용이 ㅂ ㅍ ㅎ 되었다.

 어떤 주제일까요?   • 경제   • 정치   • 사회   • 문화   • 과학   • 국제   • 환경   • 인물

반려동물도 학교를 다닌다고요?

통계청이 발표한 2022년 인구 주택 총 조사 결과에 따르면 국내 1인 가구는 전체 가구 비중의 34.5퍼센트를 차지하며 역대 최고치를 기록했어요. 1인 가구가 늘어나면서 반려견을 키우는 인구도 늘었는데, 젊은 1인 가구일수록 가족보다 **반려동물**에 더 의지하고 있다는 설문 조사 결과도 나왔지요. 1인 가구뿐 아니라 반려동물을 가족으로 여기는 사람들은 점점 더 많아지는 **추세**입니다.

우리나라의 반려동물 양육 인구는 1천 5백만 명으로 **추산**합니다. 우리나라 총인구가 5천만 명임을 생각할 때, 4명 중 1명은 반려동물과 함께 살고 있다는 셈이죠. 반려동물 **양육** 인구가 늘어나면서 반려동물을 위한 양육비도 늘어났습니다. KB금융지주 경영연구소가 발간한 '한국 반려동물 보고서'에 따르면 **진료비**와 치료비를 제외한 반려동물의 순수 양육비는 월 평균 15만 4천 원으로, 2년 전보다 1만 4천 원가량 증가한 것으로 나타났어요. 이중 절반은 먹이를 사는 데에 썼고, 치료비는 평균 78만 원으로 2년 전보다 31만 9천 원이 늘어났습니다. 반려동물이 죽으면 장례 비용으로 평균 38만 원가량을 쓰는 것으로 조사되었고요. 이렇게 매년 반려동물과 관련된 시장이 성장하고 있는 가운데 선진국처럼 반려동물에 대한 정책이 더 많이 나와야 한다는 의견들도 나오고 있습니다.

- **반려동물** 한 가족처럼 사람과 더불어 살아가는 동물
- **추세** 어떤 현상이 일정한 방향으로 나아가는 경향
- **추산** 짐작으로 미루어 셈함
- **양육** 보살펴서 자라게 함
- **진료비** 진찰받는 환자가 병원에 치르는 요금

📝 기사 깊이 알아보기

1. 반려동물을 키울 때 들어가는 비용에는 어떤 것들이 있나요?

---

2. 내가 키우고 있는 반려동물이나, 키우고 싶은 반려동물에 대해 이야기를 나눠 보아요.

💡 단어 깊이 알아보기

1. 최근에는 ㅂ ㄹ ㄷ ㅁ 보험이 생길 정도로 ㅂ ㄹ ㄷ ㅁ 가(이) 가족의 일원으로 존중받고 있다.

2. 엄마와 아빠는 나를 ㅇ ㅇ 하고 나는 엄마와 아빠에게 효도를 한다.

3. 이런 ㅊ ㅅ 라면 이번 단원 평가는 만점을 맞고도 남겠어.

4. 오늘 집회에 참가한 인원은 대략 1만 명으로 ㅊ ㅅ 된다.

5. ㅈ ㄹ ㅂ 를(을) 내고 처방전을 받아 약국으로 향했다.

🔍 어떤 주제일까요?

• 경제 • 정치 • 사회 • 문화 • 과학 • 국제 • 환경 • 인물

 정답 ❋ 1. 반려동물 2. 양육 3. 추세 4. 추산 5. 진료비

다문화 가족으로 이뤄진 '다울림 봉사단'

결혼이나 취업을 위해 우리나라에 오는 외국 사람들이 늘어나고 있어요. 그러나 피부색, 언어, 종교, 출신 지역 등이 다르다는 이유로 사회로부터 부당한 대우를 받는 경우가 종종 있지요. 특히 일부 사람들의 **편견** 때문에 다문화 가정은 마음의 상처를 받는 경우도 많아요. 이러한 다문화에 대한 편견을 줄이고, 외국인에 대한 긍정적인 인식을 심어 주기 위해 노력하는 사람들이 있어요. 그중에 하나가 다문화 가족으로 구성된 '다울림 봉사단'이에요.

2018년 충북 제천시에서 결성된 다울림 봉사단은 매월 정기적으로 봉사 활동을 하고 있어요. 노인 복지관에 급식 봉사를 하고, 어르신 이발 봉사, 외국인 이주자들을 위한 모국 음식 지원, **수해**를 입은 과수 농가 일손 돕기, 김장 나눔 등의 다양한 봉사를 하고 있지요. 이 봉사단은 그동안 한국의 여러 가지 정책의 **수혜자**였던 다문화 가족들이 이제는 자신들의 재능으로써 지역 사회에 **기여자**로 참여한다는 데 그 의미가 커요.

다울림 봉사단원들은 봉사 활동을 통해 다문화에 대한 오해와 편견을 줄이고 싶다고 말했어요. 또한 자신들과 같은 결혼 이주자들이 한국 사회에 잘 적응할 수 있게 돕는 역할을 하고 싶다는 포부도 밝혔지요.

- **편견** 공정하지 못하고 한쪽으로 치우친 생각
- **수해** 장마나 홍수로 인한 피해
- **수혜자** 혜택을 받은 사람
- **기여자** 남에게 도움이 되도록 이바지하는 사람

기사 깊이 알아보기

1. 다울림 봉사단은 어떤 활동을 하고 있나요?

---

2. 사회가 변화함에 따라 가족의 형태도 다양해지고 있어요. 다양한 가족이 살아가는 모습을 대하는 바람직한 태도를 생각해 보아요.

단어 깊이 알아보기

다음의 단어 중 반대되는 뜻을 지닌 단어를 찾아보아요.

수	기	움	폼	편	공
자	동	여	수	견	용
수	유	해	자	품	외

1. 수혜자 ↔ (　　　　　)
2. 공평 ↔ (　　　　　)
3. 가뭄 ↔ (　　　　　)

어떤 주제일까요?

• 경제　• 정치　• 사회　• 문화　• 과학　• 국제　• 환경　• 인물

정답: 1. 기여자 2. 편견 3. 수해

푸바오랑 강바오 할아버지가 쭉 같이 있게 해 주면 안 돼요?

2016년 한중 친선을 도모하는 의미로 한국에 온 암컷 판다 아이바오와 수컷 판다 러바오 사이에서 2020년 7월, 딸 푸바오가 태어났어요. 동물원에 사는 판다의 자연 번식은 매우 드문 일이라 푸바오의 탄생은 세계적으로도 큰 관심을 받았어요. 특히 푸바오는 태어나는 모습부터 매일매일 자라는 순간이 푸바오 가족이 서식하고 있는 에버랜드 유튜브를 통해 공개되면서 한국을 비롯한 여러 나라 사람들의 큰 사랑을 받고 있어요. 하지만 이 귀여운 판다 푸바오와 이별을 준비해야 할 때가 점점 다가오고 있어요. 2024년에는 푸바오가 중국으로 떠나야 하거든요.

판다에 대한 소유권을 가지고 있는 중국은 해외에 대여하는 방식으로만 판다를 내보내고, 일정 나이가 되면 다시 돌려받아요. 그래서 푸바오도 만 4세가 되면 중국으로 **반환**돼요. 판다가 **멸종 위기종**인만큼 성숙기에 접어드는 4세부터는 번식을 위한 짝을 찾아야 하거든요. 반면 푸바오의 반환을 앞두고 한국의 누리꾼들은 한국에 비해 **열악한** 중국 동물원의 환경과 '푸바오 할아버지'로 불리며 부모 이상의 애착을 보이던 강철원 **사육사**님과의 생이별을 푸바오가 견뎌 낼 수 없을 거라면서 걱정과 우려의 목소리를 내고 있어요.

- **반환** 빌려 왔던 것을 되돌려줌
- **멸종 위기종** 가까운 미래에 사라질 위험이 높은 희귀종으로 지정한 생물
- **열악하다** 품질이나 능력, 시설 따위가 매우 떨어지고 나쁨
- **사육사** 동물원에서 동물을 기르거나 훈련하는 일을 직업으로 하는 사람

기사 깊이 알아보기

1. 푸바오가 중국으로 돌아가야 하는 이유는 무엇인가요?

2. 판다의 생김새와 생활 방식을 설명해 보세요.

단어 깊이 알아보기

밑줄 친 낱말과 같은 상황에 있는 사람을 골라 보세요.

1. 옛이야기에 단골손님이었던 구렁이가 **멸종 위기종**으로 구분되었다.

- 준우: 우리 집에서 키우는 육지 거북이는 나라에 신고를 해서 키워야 할 만큼 그 수가 적다.
- 도윤: 학교에 있는 닭이 낳는 알이 매일 사라지고 있다.

2. 학교 건물이 공사를 하는 바람에 컨테이너 교실이라는 **열악한 환경** 속에서 이번 학기를 보내야 한다.

- 민준: 책가방을 떨어뜨려서 가방 안에 있는 학용품들이 모두 박살이 났다.
- 이안: 여름 캠프의 숙소는 춥고, 덥고, 모기도 많고, 심지어 밥도 맛이 없었다!

1: _____ 2: _____

어떤 주제일까요?

• 경제 • 정치 • 사회 • 문화 • 과학 • 국제 • 환경 • 인물

정답: 1. 준우 2. 이안

중급편

다양하고 깊이 있는 사회 현상에 대하여 읽어 보아요. 우리가 살아가는 세상이 작동하는 원리인 경제 원리를 비롯한 다양한 기사들을 읽으며 일상생활의 배경지식을 풍부하게 쌓고 문해력도 길러 보세요.

의대를 가장 많이 보내는 '서울대학교'

　사회적으로 존경을 받고, 높은 수입을 자랑하는 의사가 되려면 의대를 졸업하고 국가 고시를 통과해야 해요. 그런데 요즘 들어 의대 입시 경쟁률이 **광풍**이라고 불릴 만큼 높이 치솟고 있어요. 좋은 대학을 나와도 취업하기가 어렵다 보니 '의사'라는 안정적인 직업을 얻으려는 거예요.

　의대 열풍은 명문대의 입학 미등록과 휴학, 그리고 자퇴를 불러왔어요. 실제로 2023년 서울대 신입생 중에 **휴학**을 신청한 학생은 무려 418명으로 지난 5년간 가장 높았는데, 서울대에 합격하고도 의대를 가려고 재시험을 보는 학생들이 많은 탓이에요. 매년 의대에 합격하여 서울대를 떠나는 학생들이 많아 '의대를 가장 많이 보내는 학교는 서울대학교'라는 우스갯소리가 나올 정도로 말이에요.

　하지만 이보다 더 큰 문제는 의대를 준비하는 학생들의 연령대가 점점 낮아지고 있다는 거예요. 초등학생 때부터 의대 진학을 목표로 **선행 학습**을 하는 '초등 의대반'이 등장하고, 일부 학원에서는 '유치원생~초등학교 3학년' 학부모를 대상으로 의대 준비를 위한 설명회를 열기도 했어요. 이렇듯 학생들이 자신의 적성을 찾아볼 새도 없이 부모의 희망에 따라 진로를 정해 버리는 것은 크나큰 사회적 문제라고 볼 수 있어요. 또한 지나친 선행 학습은 어린 학생들에게 학습에 대한 흥미를 떨어뜨리는 **역효과**를 낼 수 있으니 주의해야 해요.

- **광풍** 미친듯이 사납게 휘몰아치는 거센 바람을 뜻하는 말로, 무섭게 일어나는 기세를 비유적으로 이르는 말
- **휴학** 일정 기간 동안 학교를 쉬는 일
- **선행 학습** 새로운 지식이나 기술을 습득할 때, 정규 과정보다 앞서 배우는 일
- **역효과** 기대했던 바와 정반대가 되는 효과

기사 깊이 알아보기

1. 최근 의대 입시 경쟁률이 높이 치솟고 있는 이유는 무엇인가요?

2. 선행 학습에 대한 나의 의견을 적어 보아요.

단어 깊이 알아보기

1. 대학생인 오빠가 ㅎ ㅎ 를(을) 하고 군인이 되었다.

2. 온 나라에 선거 ㄱ ㅍ 가(이) 불고 있다.

3. 좋은 약도 올바르게 먹지 않으면 ㅇ ㅎ ㄱ 를(을) 가져온다.

4. 너무 빠른 ㅅ ㅎ   ㅎ ㅅ 는(은) 학교생활의 흥미를 떨어뜨릴 수 있다.

어떤 주제일까요? · 경제 · 정치 · 사회 · 문화 · 과학 · 국제 · 환경 · 인물

정답: 1. 휴학 2. 강풍 3. 역효과 4. 선행 학습

미술대회 대상의 주인공이 AI라면?

콜로라도주 박람회에서 열린 미술대회의 대상 작품은 제이슨 앨런의 「스페이스 오페라 극장」이었어요. 그런데 이 작품 제작에 인공 지능 '미드저니'를 사용한 것이 밝혀지면서 대회에 출전한 예술가들이 들고 일어났어요. 인공 지능이 그린 그림을 제출하는 것은 **부정행위**라면서요. 하지만 수상자인 제이슨 앨런은 '작품을 출품하면서 미드저니를 사용했다고 **명시**했으니 부정행위를 한 것은 아니다'라고 반박했어요. 대회 관계자 역시 '창작의 일부로 디지털 기술을 사용한 것을 허용한다'고 밝혔는데요. 많은 예술가들은 이 결과를 인정할 수 없다며 **반발**하고 있어요. 인공 지능이 만든 작품은 그 사람의 작품이라고 볼 수 없고, 인공 지능을 활용해 그림을 그리는 것은 '포토샵' 같은 프로그램을 쓰는 것과 다를 바 없다면서 **대립**하고 있는 것이지요.

최근에는 소니 월드 포토그래피 어워드에서도 같은 일이 벌어졌어요. 2023년 수상자로 선정된 보리스 엘다크센이 인공 지능으로 합성한 작품을 출품한 거예요. 그는 '재미 삼아 인공 지능으로 생성한 사진을 출품했다'라면서 '앞으로 인공 지능 이미지를 사진 작품으로 인정할지에 대한 **논쟁**이 이루어지기 바란다'라는 소감을 밝히며 대상 수상을 거부했어요. 기술이 발달하면서 예술계에서는 인공 지능이 만들어 낸 작품을 예술로 인정할 것인지에 대한 논란은 계속되고 있어요.

- **부정행위** 올바르지 못한 행위
- **명시** 분명하게 드러내 보임
- **반발** 어떤 상태나 행동 따위에 대하여 거스르고 반항함
- **대립** 의견이나 처지 속성 따위가 서로 반대되거나 모순됨
- **논쟁** 서로 다른 의견을 가진 사람들이 각각 자기의 주장을 말이나 글로 논하여 다툼

 기사 깊이 알아보기

1. 기사에 대한 내용 중 사실이 드러난 부분과 의견이 드러난 부분을 구분해 보세요.

① 콜로라도주 박람회에서 열린 미술대회에서 인공 지능이 그린 그림이 1등을 했다. (　　　)

② 많은 예술가들은 이 결과를 인정할 수 없다며 반발하고 있다. (　　　)

③ 소니 월드 포토그래피 어워드에서도 인공 지능으로 생성한 그림이 상을 받을 뻔했다.(　　　)

2. 이 글을 읽고 난 여러분은 인공 지능으로 만든 작품을 예술로 인정해야 한다고 생각하나요? 예술로 인정해야 할지 아닐지에 대한 찬반 의견을 함께 나눠 보세요.

 단어 깊이 알아보기

1. 시험 중에 커닝을 하거나 옆 친구에게 묻는 행동은 엄연한 　ㅂ ㅈ ㅎ ㅇ　 입니다.

2. 옛날 과학자들은 태양계의 중심이 지구인지 태양인지를 두고 치열한 　ㄴ ㅈ　 를(을) 벌였다.

3. 텔레비전 허용 시간을 두고 엄마와 아들 간의 　ㄷ ㄹ　 가(이) 심각하다.

4. 상품에 유통 기한을 　ㅁ ㅅ　 하는 것은 의무 사항이다.

5. 게임기를 없앤 뒤, 아들의 　ㅂ ㅂ　 는(은) 예상했지만, 이 정도일 줄은 상상도 못 했다.

어떤 주제일까요?　　· 경제　· 정치　· 사회　· 문화　· 과학　· 국제　· 환경　· 인물

우후죽순 늘어나는 무인점포, 화재 사고의 사각지대가 되다!

　인건비 상승으로 매장 관리자가 **상주하지** 않는 무인점포들이 늘어나고 있어요. 그런데 무인점포 대다수가 소화기도 하나 제대로 갖추지 않은 것으로 확인되어 세간의 우려를 낳고 있어요. 현행 다중 이용 업소법에 따르면 **불특정 다수**가 이용하는 시설에는 소화기와 온도 감지기 등의 화재 예방 시설을 의무적으로 설치해야 해요. 하지만 무인점포의 경우 다중 이용 시설로 등록되지 않아 규제 대상이 아니라서 소화기나 스프링쿨러 같은 화재 예방 시설의 설치를 무시하고 있어요. 사람이 없는 매장이다 보니 초기에 사고를 신속히 대응할 수 없다는 문제점도 있고요. 불이 나면 불길이 커지기 전 5분이 **골든 타임**인데, 사람이 없는 무인점포에선 어쩔 도리가 없지요.

　무인 세탁소는 건조기 안에 라이터 등의 **인화성 물질**이 실수로 들어갈 경우 폭발을 일으킬 수 있어요. 무인 사진관은 머리 손질을 위한 고데기의 전원이 꺼지지 않아 화재가 일어날 위험성이 높고요. 따라서 무인점포에는 화재 시 **경보**가 울리면서 소방서에 자동으로 신고를 해 주는 화재 감시 시스템이나 스프링쿨러 설치를 의무화해야 한다는 지적이 나오고 있어요. 이에 대하여 각 지역의 소방서에서는 관련 법률이 개정되기 전까지 무인점포주에게 화재 예방 교육을 약속했어요.

- **상주하다** 늘 일정하게 한 곳에 있다
- **불특정 다수** 특별히 정해지지 않은 많은 사람들
- **골든 타임** 어떤 일의 성패를 결정 지을 수 있는 가장 중요한 시간대
- **인화성 물질** 불이 잘 붙는 성질의 물질
- **경보** 위험이 닥쳐올 때 경계하도록 미리 알리는 일

1. 무인점포가 화재 사고에 더욱 취약한 이유는 무엇인가요?

2. 기사를 읽고 무인점포 화재 예방과 방지를 제안하는 글을 써 보아요.

문제 상황	
제안하는 내용	
제안하는 까닭	

다음 밑줄 친 단어의 의미가 다른 것을 골라 보세요.

1. 나의 고향은 경상북도 상주입니다.
2. 주한 미군이 상주해 있는 곳은 평택이에요.
3. 삼촌 집에는 미국에서 온 삼촌 친구가 상주해 있어요.
4. 그 섬에 상주하는 사람은 100명도 채 안 된다고 합니다.

우후죽순(雨 비 우, 後 뒤 후, 竹 대나무 죽, 筍 대나무 순)

대나무 밭에 비가 내린 뒤에는 한꺼번에 여러 개의 죽순이 솟아난다는 뜻에서 유래했어요. 어떤 일이나 현상이 동시적으로 확 일어날 때에 주로 쓰여요.

• 경제　• 정치　• 사회　• 문화　• 과학　• 국제　• 환경　• 인물

↓ 정답

투명 인간, 현실화될까?

　소설 『해리포터』에 나오는 투명 망토에 대해 들어 본 적이 있나요? 영화에서나 나오던 투명 인간은 현실에서 이루어질 수 있을까요?

　이와 같은 상상이 독일 연구진에 의해 풀렸습니다. 화학 약품을 통해 투명한 쥐를 만드는데 성공했으니까요. 아직은 살아 있는 쥐가 아닌 쥐의 **사체**로 실험을 했는데, 결과물은 투명 플라스틱 쥐 모형처럼 보입니다. 이 약품은 체내의 수분과 지방을 **제거**해 피부 조직은 물론 뼈와 신경까지 모두 투명하게 만들 수 있는데요. 암 같은 난치병이 얼마나 진행되었는지 알아보기 위한 연구를 위해 시행되었습니다. 기존에는 치료 방법의 효과를 알아보기 위해 세포 조직을 얇게 썰어 염색하고 **현미경**으로 관찰했어요. 하지만 이 약품의 개발로 특정 조직을 투명하게 바꾸어 암세포 또는 뇌 혈관 등을 들여다보는 과정이 훨씬 편리해질 것으로 예상돼요. 또 이전에는 너무 작아서 **감지**할 수 없던 세포 수준의 종양도 확인할 수 있을 것으로 기대됩니다.

　앞으로 이 약품이 발전하여 살아 있는 사람의 뇌까지 들여다볼 수 있게 된다면 암은 물론이거니와 알츠하이머 등의 **불치병**들을 더욱 자세히 연구할 수 있고, 치료법을 개발할 수 있게 되겠지요. 한편 연구팀의 에르튀르크 교수는 해당 기술이 인간의 조직과 장기를 투명하게 만드는 데에만 사용할 수 있을 뿐 전신을 투명하게 만들기는 힘들 것이라고 밝혔습니다.

- **사체** 죽은 몸뚱이
- **제거** 없애 버림
- **현미경** 눈으로는 볼 수 없을 만큼 작은 물체나 물질을 확대해 보는 기구
- **감지** 느끼어 앎
- **불치병** 고치지 못하는 병

기사 깊이 알아보기

1. 독일 연구진이 투명한 쥐를 만든 이유는 무엇인가요?

2. 나에게 몸이 투명해지는 능력이 생긴다면 무엇을 해 보고 싶은지 이야기를 나눠 보아요.

단어 깊이 알아보기

뜻이 비슷하거나 같은 단어를 보기에서 찾아 보세요.

보기	알츠하이머	제거	사체	감지	불치병

1. 시체   - (   )
2. 삭제   - (   )
3. 인식   - (   )
4. 죽을병 - (   )
5. 치매   - (   )

어떤 주제일까요?

• 경제 • 정치 • 사회 • 문화 • 과학 • 국제 • 환경 • 인물

정답: 1. 사체 2. 제거 3. 감지 4. 불치병 5. 알츠하이머

아름다운 불꽃놀이, 아름답지 못한 뒷모습

매년 10월 초가 되면 여의도에서는 서울 세계 불꽃놀이가 열리고 많은 시민들은 여의도 근처의 공원을 찾아 불꽃놀이를 즐기지요. 지난 축제에는 무려 100만여 명의 인파가 몰렸는데, 드론 400여 대를 활용한 화려한 불꽃 드론쇼를 비롯해 환상적인 불꽃이 가을밤을 수놓았지요.

불꽃놀이를 주관한 주식회사 한화에서는 대규모 인파가 안전하게 불꽃놀이를 관람할 수 있도록 3천 400명의 질서 유지 안전 인력을 배치하고, 인파 **밀집**도를 실시간으로 모니터링하는 등 안전하고 쾌적하게 행사를 준비했어요. 이에 따라 100만여 명이 **운집**했음에도 불구하고 단 1건의 안전 사고도 없이 불꽃놀이가 마무리되었지요. 하지만 불꽃놀이가 끝나고 일부 관람객이 머문 자리에 쓰레기가 나뒹굴어 눈살을 찌푸리게 했어요. 곳곳에 설치된 대형 쓰레기통에는 쓰레기가 넘쳐흘렸고, 잔디밭에는 돗자리와 먹고 남은 음식들이 그대로 남아 있었어요. 평소 주말 여의도 일대에서 수거하는 쓰레기가 약 10톤인데 비해 불꽃놀이가 있던 당일에는 무려 70톤이 넘었지요.

코로나 **엔데믹** 이후 다양한 축제와 행사들이 **재개**되고 있는 가운데, 뒤처리 문화도 성숙해야 한다는 의견들이 속속 나오고 있어요.

- **밀집** 빈틈없이 빽빽하게 모임
- **운집** 구름처럼 모인다는 뜻으로, 많은 사람들이 모여듦
- **엔데믹** 풍토병이나 토착병이라는 뜻으로, 우리가 매년 예방주사를 맞는 독감 같은 것
- **재개** 어떤 활동이나 회의를 한동안 중단했다가 다시 시작함

기사 깊이 알아보기

1. 기사를 읽고 '축제 후 올바른 뒤처리 문화'에 대하여 제안하는 글을 써 보세요.

문제 상황	
제안하는 내용	
제안하는 까닭	

2. 제안하는 글을 쓰는 과정을 순서대로 나열하세요.

> 가. 제안하는 까닭 파악하기   다. 문제 상황 확인하기
> 나. 제안하는 내용 정하기   라. 제안하는 글쓰기

(   ) → (   ) → (   ) → (   )

단어 깊이 알아보기

뜻이 반대되는 단어를 보기에서 찾아보세요.

보기	엔데믹	재개	운집	밀집

1. 팬데믹 - (   )

2. 중단 - (   )

3. 해체 - (   )

4. 분산 - (   )

   • 경제   • 정치   • 사회   • 문화   • 과학   • 국제   • 환경   • 인물

정답 🔍 1.엔데믹 2.재개 3.운집 4.밀집
정답 📝 다-가-나-라

한국어 열풍이 불다!

　미국의 대표적인 뉴스 채널인 CNN에서는 '한류'를 집중 조명하면서 한국어가 세계에서 빠르게 성장하고 있다고 보도했어요. 영화 「기생충」과 넷플릭스 드라마 「오징어 게임」, BTS 등의 한류 콘텐츠와 스타가 인기를 누리면서 한국어에 대한 관심이 **급증**한 덕분이에요. 이러한 한국어 열풍은 미국뿐 아니라 유럽 각국에서도 여실히 나타나고 있습니다.

　유럽에서는 케이팝 노래 가사를 이해하고 따라 부르거나 한국 드라마나 영화를 자막 없이 보기 위해 한국어를 배우는 사람들이 늘고 있습니다. 불과 몇 년 전만 해도 해외 한국어 교육은 동남아시아 지역에 **국한**되었어요. 그러나 이제는 유럽, 미국 등의 영미권 국가에서도 한국어의 인기가 날로 뜨거워지고 있는 거예요. 아예 한국에 취업하고 싶어하는 젊은 층도 눈에 띄게 늘어났고요.

　'K-콘텐츠 **열풍**'이 전세계를 휩쓸고 있는 가운데, 문화 체육 관광부에서는 한국어를 가르치는 세종학당을 확대하고 한국어 전문 교원을 적극적으로 **파견**하겠다는 계획을 발표했습니다.

- **급증** 갑작스럽게 늘어남
- **국한** 범위를 일정한 부분에 한정함
- **열풍** 몹시 사납고 거세게 부는 바람을 뜻하는 말로, 매우 세차게 일어나는 기운이나 기세를 비유적으로 이르는 말
- **파견** 일정한 임무를 주어 사람을 보냄

기사 깊이 알아보기

1. 한류의 예라고 할 수 있는 것에는 무엇이 있을까요?

---

2. 한국의 문화 또는 장소 중 소개하고 싶은 것을 한 가지 골라 이야기를 나눠 보세요.

단어 깊이 알아보기

1. 학교 앞 횡단보도에서 교통사고가 ㄱ ㅈ 하여 시시 티브이 설치를 추가했다.
2. 교실 안에 포켓몬 카드 ㅇ ㅍ 가(이) 일고 있다.
3. 아빠가 일본으로 ㅍ ㄱ 를(을) 나가게 되었다.
4. 한류의 인기는 우리나라에 ㄱ ㅎ 된 것이 아니라 전 세계적으로 뻗쳐 있다.

여기서 잠깐, 상식 노트

'**한류**'란 대한민국의 대중문화를 비롯하여 한국과 관련된 것들이 다른 나라에서 인기를 얻는 현상을 말해요. 대표적으로는 BTS나 블랙핑크로 대표되는 케이팝이나 「오징어 게임」이나 「미나리」 등의 드라마나 영화가 있어요.

어떤 주제일까요?

· 경제   · 정치   · 사회   · 문화   · 과학   · 국제   · 환경   · 인물

정답 1. 충돌 2. 열풍 3. 파견 4. 국한

제주도에 입도세를 내라고요?

　우리나라 최대의 섬, 제주도에 가 본 적이 있나요? 제주도는 아름다운 자연 경관이 유명하여 많은 사람들이 찾는 곳이지요. 그런데 제주특별자치도가 이른바 '환경 보전 기여금'이라는 명목으로 관광객에게 **입도세**를 부과하는 방안이 추진하고 있어 논란이 되고 있습니다. 환경 보전 기여금의 취지는 제주도를 찾는 관광객이 늘면서 자연이 **훼손**되고 생활 **폐기물**이 증가하는 등의 환경 문제가 발생하여 일정 금액을 공항이나 항만 이용료에 포함하여 의무적으로 부과하게 한다는 거예요. 하와이나 베네치아, 태국 등 관광으로 유명한 국가나 지역에서 이미 시행되고 있기도 하고요.

　하지만 제주도가 전국적인 관광지이니만큼 국민의 동의도 필요하다는 시각이 있어요. 제주도 도민들이 다른 지역을 방문할 때 '육지세'를 내지 않는 것처럼 다른 지역 국민들이 제주도를 방문할 때 '입도세'를 내는 것은 공평하지 않다는 주장이지요. 제주도 도민들 사이에서도 입도세로 인해 관광객이 줄어들 수 있다면서 반대하는 사람들이 많아요. 동남아시아에 비해 물가도 비싼데, 입도세까지 생긴다면 여행객들이 동남아시아로 발걸음을 돌리지 않겠느냐고요.

　한국 지방 재정 학회는 제주도 입도세를 추진할 경우, 관광객 1인당 평균 8,170원을 **부과하도록** 제시했어요. 오영훈 제주도지사는 '입도세 관련 법률안 초안이 나오고 있는 상황이나 국민적 동의가 뒷받침됐을 때에야 비로소 가능한 부분이므로 조심스럽게 접근하고 있다'고 밝혔어요.

- **입도세** 섬에 들어갈 때 내는 세금
- **훼손** 헐거나 깨뜨려 못 쓰게 만듦
- **폐기물** 못 쓰게 되어 버리는 물건
- **부과하다** 세금이나 부담금 따위를 매기어 부담

 **기사 깊이 알아보기**

1. 제주도가 환경 보전 기여금을 받으려고 하는 까닭은 무엇인가요?

---

2. 지역의 문제 해결 방안을 선택하는 과정과 주의할 점을 정리한 글입니다. 알맞은 단어를 보기에서 찾아보세요.

| 장단점 | 대화 | 타협 | 장단점 | 다수 | 소수 |

과정	① 양측의 해결 방안을 제시한다. ② 각 해결 방안의 (　　　　)를(을) 비교한다. ③ (　　　　)(으)로 의견을 조정한다. ④ 다양한 해결 방안을 선택한다.
주의할 점	의견이 좁혀 지지 않을 때에는 (　　　　)의 의견을 따르되 (　　　　)의 의견도 존중한다.

 **단어 깊이 알아보기**

밑줄 친 ㉠과 ㉡, ㉢과 ㉣의 뜻과 가장 잘 어울리는 단어를 보기에서 찾아보아요.

| 보기 | 입도세 | 훼손 | 폐기물 | 부과하다 | 환경 보존 |

- ㉠<u>독도에 들어갈 때에는 입장료 같은 세금을</u> ㉡<u>매겨 내게 해야 한다</u>는 의견이 곳곳에서 나오고 있어.
- 청정 지역인 독도가 ㉢<u>더럽혀져서 망가진다면</u> 큰일이니까.
- 독도로 여행을 간 사람 중에 아무 데나 ㉣<u>쓰레기</u>를 버리는 사람도 있대. 독도를 지키기 위한 특별한 제도가 필요해.

㉠:　　　　　　㉡:　　　　　　㉢:　　　　　　㉣:

어떤 주제일까요?　· 경제　· 정치　· 사회　· 문화　· 과학　· 국제　· 환경　· 인물

여행의 성지, 하와이가 분화되다!
그렇다면 백두산도 폭발할까?

하와이의 킬라우에아 화산이 **분화**했습니다. 하와이는 지난 2018년에도 킬라우에아 화산 폭발로 7백 채 이상의 주택이 파괴되는 등 큰 피해를 입은 적이 있어요. 다행히도 이번 화산의 **분출구**는 사람이 살지 않는 곳에 있어서 별다른 피해가 없는 것으로 알려졌어요.

이렇게 화산 활동을 계속하는 화산을 **활화산**이라고 하는데, 백두산도 활화산으로 분류돼요. 백두산은 약 1천 년 전인 946~947년에 이번 하와이 화산보다 10만 배나 강한 폭발력을 지닌 대규모 분화가 있었던 것으로 추정돼요. 이후에도 크고 작은 폭발을 거듭했고 1925년에 마지막 분화를 했지요. 백두산 분화에 대해 100년 주기설이 있어 마지막 폭발로 100년 뒤인 2025년에 폭발할지도 모른다는 예측이 나오고 있어요. 전문가들은 2025년에 폭발한다는 근거는 없다고 했지만, 최근 온천수가 끓는 등 의심스러운 **정황**이 포착됐지요.

현재 북한의 끄트머리에 위치해 있는 백두산은 폭발한다면 남한에도 큰 피해를 줄 것으로 예상해요. 800도가 넘는 뜨거운 용암과 화산석이 백두산 주변을 **초토화**하고, 화산재로 항공로가 막힐 수 있으니까요. 이에 따라 백두산 화산 폭발에 대비하여 남북 공동 연구를 추진하여 대비해야 한다는 지적이 나오고 있어요. 자연의 힘을 우리가 막을 수는 없지만 대비하는 것은 중요하기 때문이에요.

- **분화** 불을 내뿜거나 화산성 물질이 지구 내부에서 표면으로 방출됨
- **분출구** 화산의 마그마가 솟구쳐서 뿜어져 나오는 구멍
- **활화산** 지금도 화산 활동을 계속하고 있는 화산
- **정황** 일의 사정과 상황
- **초토화** 불에 탄 것처럼 황폐해진 상태

기사 깊이 알아보기

1. 다음 보기를 보고 빈칸을 채워 보세요.

| 보기 | 마그마 | 화산 활동 | 용암 | 화산재 |

땅속 깊은 곳에서 암석이 녹은 (　　　　)가(이) 땅 위로 분출하는 현상을 (　　　　)이라고 해요. 화산 분출물의 종류에는 화산 가스, (　　　　), (　　　　) 등이 있어요.

2. 화산 활동이 우리에게 주는 영향(피해와 이로움)을 이야기해 보아요.

피해	
이로움	

단어 깊이 알아보기

다음 낱말에 대한 뜻풀이를 찾아 바르게 선으로 이어 보세요.

1. 분화 •
2. 분출구 •

• ① 화산의 마그마가 솟구쳐서 뿜어져 나오는 구멍을 뜻한다.
• ② 불을 내뿜는 모습으로, 화산성 물질이 지구 내부에서 표면으로 방출되다.
• ③ 불에 탄 것처럼 황폐해진 상태를 말한다.

 •경제 •정치 •사회 •문화 •과학 •국제 •환경 •인물

방사능 오염수는 안전하다!
vs 오염수는 오염수!

　2011년 3월 10일, 일본에 대지진이 일어났어요. 지진으로 후쿠시마 제1 원전이 폭발하는 사고가 일어났고, 원전 시설이 무너져 핵 연료와 다른 위험한 방사성 물질이 혼합된 오염수가 생겼어요. 도쿄 전력은 발전소에 있는 1천여 개의 탱크에 134만 톤 규모의 방사성 폐수를 저장했어요.

　그로부터 10여 년이 지나, 도쿄 전력은 오염수를 관리할 탱크가 **포화 상태**라면서 오염수 130만 톤을 바다로 흘려보내겠다고 발표했어요. 일본 정부도 오염수의 방사능 물질을 안전한 수준으로 **희석**하여 안전하다며 주장했고, 국제 원자력 기구(IAEA)도 일본 측 주장을 인정하며 오염수 **방류**를 결정했어요. 무엇보다 바다로 흘려보내지 않고 오염수를 처리할 수 있는 방법이 있음에도 일본은 짧은 기간에 낮은 비용으로 오염수를 처리하기 위해 바다 방류를 결정해 버렸어요.

　한편 주변 국가에서는 오염수 방류에 대한 우려의 목소리를 내고 있어요. 오염수의 삼중 수소는 최종적으로 걸러지지 않아요. 뿐만 아니라 희석을 통해 짧은 기간 이상이 없다고 해서 오염수 방류가 미칠 장기적 **폐해**를 무시할 수는 없지요. 결국 중국 정부는 후쿠시마 오염수 방류 직후 일본산 수산물 수입을 전면 금지하며 일본 정부의 독단적 결정을 **규탄**했어요. 우리나라도 일본의 오염수 방류를 반대하는 시위가 일어나는 등 불안감이 가라앉지 않고 있어요.

- **포화 상태** 최대한도까지 꽉 채워진 상태
- **희석** 용액에 물이나 다른 용매를 더하여 농도를 묽게 함
- **방류** 모아서 가두어 둔 물을 흘려보냄
- **폐해** 옳지 못한 경향이나 해로운 현상으로 생기는 해
- **규탄** 잘못이나 옳지 못한 일을 잡아내어 따지고 나무람

기사 깊이 알아보기

1. 일본이 바다로 오염수를 흘려보내려는 이유는 무엇인가요?

_____

_____

2. 주변 국가에서 일본의 오염수 방류를 반대하는 이유를 적어 보세요.

_____

_____

단어 깊이 알아보기

1. 용액을 ㅎ ㅅ 하기 위한 도구로 비커와 시험관 등이 필요하다.
2. 홍수에 대비하여 댐의 물을 ㅂ ㄹ 하고 있다.
3. 창고 안이 ㅍ ㅎ ㅅ ㅌ 라서 더이상 체육 기구를 넣을 수가 없다.
4. 대기 오염의 ㅍ ㅎ (으)로 기관지염과 비염이 늘고 있다.
5. 학교 폭력을 ㄱ ㅌ 하는 집회가 열렸다.

여기서 잠깐, 상식 노트

'**국제 원자력 기구(IAEA)**'는 1957년 7월 29일에 설립된 국제 연합 산하 독립 기구예요. 이곳에서는 원자력의 평화적 이용을 위한 연구 개발의 실용화를 장려해요. 핵 연구에 필요한 물자나 서비스 설비를 제공하면서 과학적 기술적인 정보도 교환하고요. 그리고 이 모든 일은 핵 분열 물질이 군사적으로 사용되는 것을 막고 평화로운 목적으로만 사용하기 위함이에요.

어떤 주제일까요? • 경제 • 정치 • 사회 • 문화 • 과학 • 국제 • 환경 • 인물

 정답: 1. 희석 2. 방류 3. 포화 상태 4. 폐해 5. 근절

히잡은 꼭 써야 하나요?

아랍권 여성들이 두건을 쓰고 있는 모습을 본 적이 있나요? 이슬람교의 여성이 머리에 쓰는 두건을 '히잡'이라고 합니다. 이렇게 여성에게만 신체의 일부를 가리도록 강요하는 것은 여성 인권에 대한 **탄압**이라고 보는 시선이 많아요. 하지만 이란을 비롯한 이슬람 국가의 여성들은 히잡을 반드시 착용해야 하고, 이를 어기면 처벌을 받지요. 이는 나라 안에서만 국한된 것이 아니에요. 국제 대회에 나가서도 히잡을 쓰지 않으면 선수를 체포하여 구금하는 등의 강력한 **제재**를 합니다.

지난 2022년, 카자흐스탄에서 열린 국제 체스 연맹에서 주최한 '세계 래피드&블리츠 체스 챔피언십'에서 이란 대표로 출전한 사라 카뎀 선수가 히잡을 착용하지 않았어요. 카뎀은 기자들이 히잡을 착용하지 않은 이유를 묻자 '이란의 반정부 시위를 응원하기 위해서'라고 대답했어요. 당시 이란에서는 히잡을 착용하지 않았다는 이유로 경찰에 붙잡혔던 22세 여성이 **의문사**한 일이 폭로되면서 여성 인권 향상과 제도 **개혁**을 요구하는 반정부 시위가 일어났거든요. 카뎀의 용기 있는 행동은 화제가 되었지만 이란으로 귀국하여 체포되거나 이슬람 강경파에게 보복당할 가능성이 높다는 우려가 있었어요. 이 때문에 카뎀은 경기가 종료된 뒤, 이란으로 귀국하지 않고 스페인으로 **망명** 신청을 냈어요. 스페인 법무부는 사라 카뎀 선수의 특수한 사정을 고려하여 스페인 국적과 시민권을 부여했어요.

- **탄압** 권력이나 무력 따위로 억지로 눌러 꼼짝 못하게 함
- **제재** 제한하거나 금지함
- **개혁** 제도나 기구 따위를 새롭게 뜯어 고침
- **의문사** 죽게 된 원인을 알 수 없는 죽음
- **망명** 혁명 또는 정치적인 이유로 자기 나라에서 박해를 받고 있거나 받을 위험이 있는 사람이 이를 피하기 위하여 외국으로 몸을 옮김

 기사 깊이 알아보기

1. 이란에서 반정부 시위가 일어난 이유는 무엇인가요?

_____

2. 사라 카뎀 선수가 이제는 스페인 대표팀 선수로 활약하고 있어요. 사라 카뎀에게 응원의 편지를 써 보아요.

_____

_____

_____

단어 깊이 알아보기

뜻이 반대되는 단어를 보기에서 찾아보세요.

보기	제재	개혁	의문사	망명

1. 허용 - (　　　　)   2. 유지 - (　　　　)

3. 자연사 - (　　　　)   4. 체류 - (　　　　)

여기서 잠깐, 상식 노트

히잡 외에도 무슬림 여성들이 외출할 때에 사용하는 의류로 '**차도르**'와 '**부르카**'가 있어요. 차도르는 온몸을 두를 수 있을 정도의 큰 외투를 말하는데, 머리부터 검은 천을 둘러 얼굴 전체를 가려요. 부르카는 무슬림 여성들이 걸치는 의류 중 가장 큰 것으로, 온몸을 둘러요. 심지어는 눈 부분도 망사로 가린답니다.

 어떤 주제일까요?　• 경제　• 정치　• 사회　• 문화　• 과학　• 국제　• 환경　• 인물

정답: 1. 제재 2. 개혁 3. 의문사 4. 유지

꿈을 현실로 만드는, 일론 머스크

전 세계 최고의 부자는 누구일까요? 2023년 기준으로는 전기 자동차로 유명한 '테슬라'의 최고 경영자(CEO)인 일론 머스크예요. 머스크는 자동차의 연료를 휘발유와 경유에서 전기로 갈아 치우는 데에 **혁혁한** 공을 세운 경영자로도 유명해요. 그도 그럴 것이 테슬라는 전기로 자동차를 움직이게 할 수는 없을 거란 부정적인 시선을 뛰어넘어 전기차 시대를 활짝 연 회사로 평가받으니까요.

머스크는 뛰어난 상상력과 **추진력**으로 꿈을 현실로 만드는 사업가예요. 영화 「아이언맨」의 주인공 토니 스타크의 실제 모델이기도 한 머스크는 2029년까지 사람들을 화성으로 보내겠다고 **선언했어요**. 뿐만 아니라 '스페이스 X'라는 민간 우주선 사업과 태양광 발전 회사인 '솔라시티', 인간의 뇌를 컴퓨터와 연결하는 '뉴럴링크' 등의 다양한 사업에도 투자하고 있어요. 이렇게 일반적인 사람들이 생각하기 어려운 여러 사업을 추진하면서 '**괴짜**'라는 별명도 얻었지요.

전기차, 민간 우주선은 모두가 상상만 해 오던 것이었어요. 그런데 머스크는 상상을 현실로 만들어 가고 있지요. 그의 도전이 성공한다면 정말로 사람들이 화성으로 이사를 가고, 인간의 뇌가 컴퓨터와 연결되는 날이 올지도 모르겠어요.

- **혁혁하다** 공로나 업적 등이 뚜렷하다
- **추진력** 목표를 향하여 밀고 나아가는 힘
- **선언하다** 널리 펴서 말하다
- **괴짜** 괴상한 짓을 잘하는 사람을 속되게 이르는 말

기사 깊이 알아보기

1. 일론 머스크는 왜 '괴짜'라는 별명을 얻었나요?

2. 일론 머스크가 투자하고 있는 '뉴럴링크'가 상용화되어 인간의 뇌와 컴퓨터가 연결이 된다면 어떤 일이 벌어질지 상상해 보아요.

단어 깊이 알아보기

1. 야구팀이 우승하는 데에 A선수가 ㅎ ㅎ 한 공을 세웠다.
2. 이 로켓은 이전 것보다 ㅊ ㅈ ㄹ 가(이) 열 배는 더 강하다.
3. 회장 선거 출마를 ㅅ ㅇ 하다.
4. 셜록 홈즈는 ㄱ ㅉ 탐정으로 유명하다.

어떤 주제일까요? • 경제 • 정치 • 사회 • 문화 • 과학 • 국제 • 환경 • 인물

정답: 1. 혁혁 2. 추진력 3. 선언 4. 괴짜

'마약'이라는 단어, 빼 주세요

'마약 김밥', '마약 떡볶이'라는 말을 들어 본 적이 있나요? 중독성과 부작용이 매우 강해서 법으로 금지한 약물의 총칭인 '마약'에 **중독**될 정도로 맛있다는 표현이에요.

한국 마약 퇴치 운동 본부에서는 기자회견을 열어 이런 용어 사용을 자제해 달라고 호소했어요. 우리가 일상적으로 먹는 음식에 '마약'이라는 단어가 들어가면 마약에 대한 호기심과 친숙감이 커질 수 있다면서요. 무엇보다 마약은 삶을 파괴하는 **파멸**의 씨앗이니만큼 **경각심**을 가져야 하는데 맛있는 음식 표현으로 무분별하게 사용하다니, 말도 안 돼요. 이러한 사회적 문제에 맞서 초등학생들이 스스로 해결 방안을 생각해 내어 큰 화제가 되었습니다.

전주의 한 초등학교 학생들은 전주 한옥 마을 식음료 매장들을 방문하여 광고 문구에 '마약'이라는 단어를 사용하지 말아 달라는 내용의 손 편지를 전달했습니다. '소문난 ○○', '꿀맛 ○○', '**원조** ○○' 등과 같은 단어로 바꾸어 달라는 대안까지 제시했지요. 초등학생들의 편지를 받은 한 음식점 대표는 해당 초등학교에 방문하여 학생들이 제안한 문구로 바꾸겠다고 약속했어요. 그로부터 이틀 뒤, 음식점에는 마약 대신 '원조'라는 표현으로 홍보 문구가 교체되었지요. 초등학생의 힘, 정말 대단하지 않나요?

- **중독** 술이나 마약 따위를 지나치게 복용한 결과, 그것 없이는 견디지 못하는 병적 상태
- **파멸** 파괴되어 없어짐
- **경각심** 정신을 차리고 주의 깊게 살피어 경계하는 마음
- **원조** 어떤 일을 처음으로 시작한 사람

기사 깊이 알아보기

1. '마약 ○○' 대신 쓸 수 있는 단어로는 어떤 것이 있을까요?

---

2. '마약'이라는 표현이 들어간 가게 이름을 변경해 달라는 내용의 편지를 써 보세요.

단어 깊이 알아보기

1. 요즘 사람들이 스마트폰 ㅈ ㄷ (으)로 길거리에서도 스마트폰을 보다가 교통사고를 당하는 경우가 종종 있습니다.
2. 저 가게야말로 ㅇ ㅈ 떡볶이집이지.
3. 화재 기사는 불에 대한 ㄱ ㄱ ㅅ 를(을) 일깨워 주었다.
4. 전쟁은 세상을 ㅍ ㅁ (으)로 몰아갔다.

어떤 주제일까요? ・경제 ・정치 ・사회 ・문화 ・과학 ・국제 ・환경 ・인물

정답 1. 중독 2. 원조 3. 경각심 4. 파멸

선생님과 학생이 함께 행복한 교실을 만들어 주세요!

십수 년 전부터 일본에서는 교사 기피 현상으로 '교사 부족'을 호소하고 있어요. 아사히 신문은 이러한 현상의 원인으로 '몬스터 페어런츠'를 들었습니다. 몬스터 페어런츠는 교사나 학교에 **불합리**한 요구를 하는 학부모란 뜻이에요. 이미 사회의 큰 문제로 여겨지던 일본의 **교권** 추락 현상은 최근 한국에서도 큰 이슈가 되고 있습니다.

지난 7월, ○○초등학교 교실에서 선생님이 스스로 생을 마감하는 안타까운 일이 벌어졌어요. 생전 선생님은 학급 운영의 어려움과 학부모 민원에 대한 괴로움을 호소했지만, 아무 소용이 없었어요. 또한 이 사건 이후, 교사들의 극단적인 선택이 잇따라 발생하면서 교사들은 **재발 방지**를 위한 도심 집회를 열었습니다.

7월 말부터 매주 주말이면 수만 명의 교사들이 교권 회복을 외쳤습니다. ○○초등학교 선생님의 49재를 앞둔 9월 2일 집회에서는 20만 명이 훌쩍 넘는 **인파**가 여의도 국회 앞에 모여 대규모 집회를 열었지요. 전국의 교사는 총 50만 명, 그중 초등교사가 19만 명임을 생각하면 교사 대부분이 집회에 참여한 거예요. 선생님들은 오로지 교권을 지키고자 하는 마음을 담아 질서 정연하게 집회를 이어 갔어요. 선생님들이 몸소 보인 준법 집회는 곧 응원의 메시지로 돌아왔고, 교육부도 교권 **회복**과 공교육 정상화를 위해 온 힘을 쏟겠다고 약속했습니다.

- **불합리** 이론이나 이치에 합당하지 않음
- **교권** 교사로서 지니는 권위
- **재발 방지** 다시 일어나는 것을 막음
- **인파** 사람의 물결이란 뜻으로 수많은 사람을 이르는 말
- **회복** 원래의 상태를 되찾음

📝 기사 깊이 알아보기

1. 교권이 추락하면 어떤 일이 발생할까요?

_____

_____

_____

2. 우리를 위해 수고해 주시는 학교 선생님께 감사의 마음을 전해 보아요.

> **tip** <마음을 전하는 글을 쓰는 방법>
> 마음을 전하고 싶은 일을 떠올려 본다. / 글에서 전하려는 마음을 생각한다.
> 마음을 잘 나타낼 수 있는 표현을 사용한다. / 읽는 사람의 마음이 어떠할지 짐작하며 쓴다.

_____

_____

_____

💡 단어 깊이 알아보기

괄호 안에 들어갈 단어를 찾아보아요.

1. 인파　　•　　　•　① 상처의 (　　　)를(을) 위해 깁스를 하기로 했다.
2. 불합리　•　　　•　② 말씀하신 조건은 (　　　)합니다.
3. 회복　　•　　　•　③ 체력 (　　　)에는 잠만 한 것이 없다.
4. 재발 방지　•　　•　④ 구름 떼 같은 (　　　)가(이) 몰려 들어 옴짝달싹할 수 없었다.

🔍 어떤 주제일까요?　　•경제　•정치　•사회　•문화　•과학　•국제　•환경　•인물

정답: 1-④ 2-② 3-③ 4-①

라켓 부숴 던지고
악수마저 거부한 테니스 선수

　2023년 항저우 아시안게임 테니스 남자 단식 경기에서 우리나라의 권순우 선수가 경기에서 패한 뒤 라켓을 부수고 상대 선수의 악수를 거부하여 논란이 되었어요. 자신보다 세계 랭킹이 훨씬 낮은 선수와의 경기에서 패하자 분을 삭이지 못한 거예요. 이러한 비매너 행동에 관중석에서 **야유**가 터져 나왔어요. 태극 마크를 단 국가대표 선수가 보인 스포츠맨십에 어긋난 비매너적인 행동은 **국격**을 **훼손**했다는 비난으로 이어졌습니다.

　사실 테니스 대회에서 선수들이 라켓을 부수는 일은 종종 일어나요. 얼마 전에도 테니스 세계 랭킹 1위인 노박 조코비치 선수가 윔블던 대회에서 패한 뒤에 라켓을 부숴 벌금을 냈어요. 반면 선수 생활 중에 단 한 번도 라켓을 부수지 않은, 실력과 인성을 모두 **겸비**한 선수도 있어요. 바로 라파엘 나달 선수지요.

　나달은 삼촌 토니 나달에게 테니스를 배웠어요. 그의 삼촌은 테니스 라켓을 사고 싶어도 살 수 없는 사람들이 많다며 함부로 라켓을 부수면 안 된다고 가르쳤어요. 평정심을 잃고 라켓을 부순다면 테니스를 가르쳐 주지 않겠다고 으름장도 놓았고요. 이러한 가르침을 바탕으로 나달은 자신에게 테니스를 배우려는 어린 선수들에게도 라켓을 부수는 행동을 해서는 안 된다고 가르쳤어요. 그렇게 삼촌의 가르침 대로 나달은 훌륭한 인성을 가진 선수로 성장했어요.

- **야유** 비난하는 말이나 소리
- **국격** 나라의 품격
- **훼손** 체면이나 명예를 손상함
- **겸비** 두 가지 이상을 아울러 갖춤

기사 깊이 알아보기

1. 나달 선수의 삼촌이 테니스 라켓을 부수면 안 된다고 한 이유에 대해 이야기해 보아요.

2. 일상에서 다른 사람과 대화를 할 때에도 예절을 지켜야 해요. 다른 사람과 대화할 때 지켜야 할 예절에 대해 생각해 보아요.

단어 깊이 알아보기

1. 지성과 미모를 ㄱ ㅂ 했다는 말은 얼굴도 예쁜데 머리도 좋다는 뜻이야.
2. 세계 수학올림피아드 대회에서 우리나라 학생들이 우승하면서 ㄱ ㄱ 가(이) 한층 높아졌다.
3. 관람석에서 심판의 결정에 항의하는 ㅇ ㅇ 가(이) 쏟아졌다.
4. 자연환경 ㅎ ㅅ 가(이) 심각하다.

어떤 주제일까요?

• 경제　• 정치　• 사회　• 문화　• 과학　• 국제　• 환경　• 인물

정답: 1. 겸비 2. 국격 3. 야유 4. 훼손

가전제품의 국산화를 이룩한 LG그룹 구인회

우리나라는 불과 70여 년 전만 해도 일제 강점기와 6.25 전쟁을 겪으면서 세계에서 가장 가난한 나라 중 하나였어요. 치약, 칫솔, 비누 같은 매일 쓰는 **생필품**을 만들 기술조차 없었죠. 이런 안타까운 현실 속에서 LG그룹의 창업자 구인회 회장은 '국민이 쓰는 생활용품을 만드는 것도 **애국**하는 길'이라 생각했어요.

구인회 회장은 미국산 생필품을 연구하여 국내 최초로 치약을 만들고, 각종 세제의 국내산 제품을 만들어 냈어요. 생필품으로 성공한 뒤에는 전자 회사를 세워 국내 최초로 라디오를 개발했고, 선풍기와 냉장고, 텔레비전과 세탁기 등을 차례로 선보이며 가전제품 국산화에도 앞장섰어요. 그동안 국내에서 만들지 못했던 가전제품이 대량으로 생산되고 보급되자 국민들의 삶은 한층 **윤택**해졌어요. 그래서일까요, 지금도 구인회 회장이 세운 LG그룹의 가전제품은 뛰어난 품질을 인정받아 글로벌 시장에서도 큰 성과를 내고 있어요.

사업이 성공하여 돈을 많이 번 뒤에도 구인회 회장은 근검절약하며 가족 간의 우애를 강조했어요. 또 구인회 회장이 세상을 떠나고 회사가 자손들에게 **승계**된 뒤에도 구인회 회장의 정의 구현은 쭉 이어졌어요. 그 일환으로 'LG 의인상'을 주관하고, 독립운동가 후손을 후원하는 등 LG그룹은 '착한 기업'의 대명사로 자리매김했지요.

- **생필품** 일상생활에 반드시 있어야 할 물품
- **애국** 자기 나라를 사랑함
- **윤택** 살림이 풍부함
- **승계** 선임자의 뒤를 이어받음

 **기사 깊이 알아보기**

1. 기사 내용처럼 인물의 삶을 사실에 근거하여 쓴 글을 '전기문'이라고 합니다. 전기문에는 인물이 살았던 시대 상황과 인물이 한 일, 인물의 가치관이 나타나요. 기사를 읽고 구인회 회장의 삶에 대해 정리해 볼까요.

인물이 살았던 시대 상황	
인물이 한 일	
인물의 가치관	

2. 구인회 회장의 삶에서 내가 본받고 싶은 점은 무엇인지 이야기해 보세요.

 **단어 깊이 알아보기**

1. 안중근 의사는 죽는 그 순간까지 ㅇ ㄱ 를(을) 부르짖었다.
2. 부지런한 엄마 덕분에 우리는 ㅇ ㅌ 한 삶을 살고 있는 거야.
3. 백제의 도자기 기술은 일본으로 넘어간 도공들에 의해 ㅅ ㄱ 되었다.
4. 코로나로 인해 물가가 얼마나 올랐는지 ㅅ ㅍ ㅍ 값이 두 배로 뛰었다.

 **사자성어 깊이 알아보기**

근검절약(勤 부지런할 근, 儉 검소할 검, 節 마디 절, 約 맺을 약)

부지런하고 검소하게 재물을 아낀다는 뜻의 근검절약은 꼭 재물만 아끼라는 뜻은 아니에요. 주변의 물건을 아껴 쓰면 버리는 물건이 줄어들고, 그럼으로써 환경에도 좋은 영향을 미치게 될 거예요. 자, 오늘부터라도 근검절약을 실천해 보는 것은 어떨까요?

어떤 주제일까요? ·경제 ·정치 ·사회 ·문화 ·과학 ·국제 ·환경 ·인물

정답: 1. 애국 2. 윤택 3. 승계 4. 생필품

시골의 작은 마을에서 키우고, 도시의 거리에서 팔아요

전북 임실군에서 만든 치즈나 요구르트는 서울 곳곳에서 볼 수 있어요. 그도 그럴 것이 시내 직거래 장터를 통해 임실군에서 생산한 유제품을 비롯해 육류, 한과, 장류 등 90여 품목을 독점적으로 판매하고 있으니까요. 최근에 들어 도시와 촌락 지역이 지역 간 **자매결연** 및 **교류** 협력을 맺고 농산물 직거래 장터를 운영 중인 곳이 심심치 않게 보여요. 직거래 마트는 중간 **마진**을 떼지 않는 만큼 시중 가격보다 최대 20퍼센트 저렴한 가격으로 거래가 이뤄지고 있어요. 도시에 사는 사람들은 집 근처에서 신선한 농산물을 저렴한 가격에 살 수 있으니 직거래 장터를 반기고 있어요. 농민들도 소비자에게 농작물을 직접 팔 수 있는 **판로**가 마련되어 **소득**을 높일 수 있지요.

한편 전남 해남군에서는 '농촌 일자리 지원 사업'을 통해 서울을 비롯한 도시의 구직자와 촌락 간 일자리를 연결해 주는 사업을 실시하고 있어요. 일손이 부족한 촌락의 문제를 해결하기 위한 이 사업은 도시 구직자에게는 일자리를, 촌락에는 부족한 일손을 해결할 수 있게 해 줘요. 지자체에서는 인근 도시 지역의 미취업자 등 인력을 발굴하여 농가에 연계하면서 사업이 자리 잡을 수 있도록 돕고 있어요. 근로자에게는 교통비와 식비, 숙박비와 보험료 등도 지원하고 있지요. 이렇게 촌락과 도시는 서로 도우며 살아가고 있어요.

- **자매결연** 두 개 이상의 단체가 서로 돕거나 교류하기 위하여 친선 관계를 맺는 일
- **교류** 자원이나 물건, 문화나 사상을 서로 주고받는 일
- **마진** 중간 이윤
- **판로** 상품이 팔리는 방면이나 길
- **소득** 일을 한 결과로 얻은 이익

 **기사 깊이 알아보기**

1. 촌락의 문제점을 해결할 수 있는 방법을 생각해 보아요.

촌락의 문제점	촌락의 문제를 해결할 수 있는 방법

2. 촌락과 도시가 교류하는 까닭을 생각해 보아요.

단어 깊이 알아보기

1. 일본과 문화적 ㄱ ㄹ 가(이) 활발해졌다.

2. 상품의 질은 좋지만 가격이 터무니없이 비싸서 ㅍ ㄹ 가(이) 막혀 버렸다.

3. 그 여자는 장사로 어마무시한 ㅅ ㄷ 를(을) 얻었다.

4. 인심 좋기로 유명한 그 할머니 반찬 가게는 ㅁ ㅈ 가(이) 남지도 않을 거야.

5. 우리 학교와 ㅈ ㅁ ㄱ ㅇ 를(을) 맺은 군부대에 위문편지를 써야 합니다.

 어떤 주제일까요? • 경제 • 정치 • 사회 • 문화 • 과학 • 국제 • 환경 • 인물

정답 1. 교류 2. 판로 3. 소득 4. 마진 5. 자매결연

105

이윤보다 환경을 중시하는 파타고니아

기업에서 이윤을 많이 남기려면 물건을 많이 팔아야 하는데 '우리 옷을 사지 마세요'라고 광고하는 회사가 있어요. 환경 보호를 기업 철학으로 삼는 '파타고니아'가 그 주인공이에요.

파타고니아는 이본 쉬나드가 설립한 세계적인 **아웃도어** 브랜드예요. 사업 초창기, 암벽 등반을 좋아했던 쉬나드는 등산용 쇠못인 피톤을 만들어서 팔았어요. 그러나 피톤이 암벽에 금을 내어 자연이 훼손된다는 것을 깨닫자마자 사업을 접어 버렸어요. 그리고 환경을 훼손하지 않는 사업을 고민하던 쉬나드는 이익이 줄더라도 환경을 위한 옷을 만들기로 결심해요. **유기농** 면으로만 옷을 만들기로 한 거예요. 회사의 이익보다 환경 보호에 더 큰 가치를 둔 파타고니아의 기업 철학은 사람들에게 큰 공감을 일으키면서 날개 돋친 듯 팔렸고, 파타고니아는 대성공을 거뒀어요.

회사의 이익보다 '환경 보호'를 먼저 생각한 쉬나드는 최근에 우리나라 돈으로 무려 4조 2천억 원으로 평가된 자신의 회사 **소유권**을 **비영리 단체**에 모두 넘겼어요. 이뿐 아니라 매년 약 1천 400억 원에 달하는 파타고니아의 수익도 모두 기후 변화와 환경 보호 활동에 기부된다고 밝혔지요. 쉬나드의 기부가 공개된 뒤, 파타고니아의 공식 홈페이지에는 '지구가 우리의 유일한 주주'라는 문구를 걸어 놓기도 했어요. 평생을 일군 회사를 지구 환경을 위해 통째로 기부한 그의 결정은 많은 사람들에게 큰 울림을 주고 있어요.

- **아웃도어** 야외에서 하는 활동을 이르는 말
- **유기농** 화학 비료나 농약을 쓰지 않고 자연적인 자재만을 사용하는 농업
- **소유권** 물건을 가지고 있는 권리
- **비영리 단체** 이익을 추구하지 않고 공익을 목적으로 하는 단체

기사 깊이 알아보기

1. 파타고니아가 성공을 거둔 이유는 무엇인가요?

_____

_____

_____

2. 착한 소비 사례를 한 가지 적어 보세요.

> **tip** <착한 소비란?>
>
> 소비 생활을 할 때, 환경과 사회에 미치는 영향을 고려하여 상품이나 서비스를 구매하는 현상을 말해요. 친환경 제품을 구매하는 소비, 가난한 이웃을 도울 수 있는 소비, 사회적 약자를 보호할 수 있는 소비, 공정 무역 제품을 구매하는 소비 등이 모두 착한 소비에 해당해요.

_____

_____

단어 깊이 알아보기

1. 귀농한 할아버지께서 올해 처음으로 ㅇㄱㄴ 감자를 재배하셨다.

2. 우리는 토지의 ㅅㅇㄱ를(을) 학교로 넘겼다.

3. 등산이나 캠핑을 할 때에 쓰는 ㅇㅇㄷㅇ 상품들이 최근에는 일상생활에서도 흔히 쓰인다.

4. 이 문화 센터는 ㅂㅇㄹㄷㅊ에서 운영하고 있다.

어떤 주제일까요? •경제 •정치 •사회 •문화 •과학 •국제 •환경 •인물

정답 1. 유기농 2. 소유권 3. 아웃도어 4. 비영리 단체

암표는 불법인데
레고를 되파는 건 합법이라고?

　요즘 MZ세대 사이에서 '리셀테크'가 유행하고 있어요. 물건을 사서 되파는 '리셀'과 '**재테크**'의 합성어인 리셀테크는 한정판 제품을 제값에 사서 웃돈을 얹어 팔아 수익을 남기는 것을 말해요. 쓰던 물건을 파는 중고 거래와는 달리 리셀은 희소성이 있어 프리미엄이 붙을 만한 제품을 골라 구매한 뒤, 그대로 되파는 거예요. 한정판 제품은 사람들이 웃돈을 주고서라도 갖고 싶어하기 때문이지요. 리셀테크 제품으로는 명품 브랜드 샤넬을 파는 '샤테크(샤넬+재테크)'부터 한정판 레고 블럭을 파는 '레테크(레고+재테크)'까지 그 종류도 다양해지고 있지요. 일부 리셀러들은 각 매장의 **오픈런**을 통해 인기 제품을 싹쓸이하는데, 정작 실소비자들은 구매할 수 없는 웃지 못할 광경이 펼쳐지기도 해요.

　이러한 리셀은 인기 가수의 콘서트 티켓 **암표**로 나타나기도 해요. 인기 가수 임영웅의 티켓은 2장에 180만 원에 팔리는 등 티켓 1장당 30~50만 원 이상의 웃돈을 받고 거래된다고 해요. 하지만 이런 암표 티켓은 엄연히 불법 행위예요. 따라서 리셀을 반대하는 사람들은 암표는 불법이고 리셀은 재테크라는 인식이 잘못되었다고 주장해요. 그리하여 나이키와 뉴발란스는 이용 약관에 '제 3자에게 재판매 목적으로 사는 것을 금지한다'는 규정을 넣고 판매 수량을 제한했어요. 그러나 리셀은 법률적으로 매점매석의 범위에 포함되지 않고, 희소성을 지닌 한정판 제품에 대한 수요가 많은 만큼 전문가들은 리셀 시장이 계속해서 성장해 나갈 것으로 전망하고 있어요.

- **재테크** 자산을 불려가나려는 행위
- **오픈런** 매장이 오픈하면 바로 달려가 구매하는 행위
- **암표** 법을 위반하여 사고파는 표

 기사 깊이 알아보기

1. 경제 활동에서 선택의 문제가 일어나는 까닭은 희소성 때문입니다. '자원의 희소성'이란 무엇인가요?

2. 리셀과 중고 거래의 차이점은 무엇인가요?

단어 깊이 알아보기

1. 새로 나온 닌텐도 칩을 사기 위해 아침 일찍 ㅇ ㅍ ㄹ 를(을) 했다.
2. 우리 엄마의 ㅈ ㅌ ㅋ 비법은 안 쓰는 물건을 사고파는 중고 거래다.
3. 포켓몬 뮤지컬이 얼마나 인기인지, ㅇ ㅍ 도 구하기가 어렵다.

사자성어 깊이 알아보기

매점매석(買 살 매 占 점령할 점 賣 팔 매 惜 아낄 석)

조선시대의 실학자 박지원이 쓴 『허생전』에 나오는 허생이 안성에서 제일가는 부자 변 씨에게 만 냥을 빌려, 그 돈으로 과일을 사들여 번 돈으로 말총을 사고 팔아 백만 냥을 모았다는 이야기에서 유래해요. 이렇듯 물건을 미리 사서 값이 오른 뒤에 아껴서 파는 것을 '매점매석'이라고 하지요.

 어떤 주제일까요? · 경제 · 정치 · 사회 · 문화 · 과학 · 국제 · 환경 · 인물

정답: 1. 오픈런 2. 재테크 3. 응표

욜로보다 거지방

　불과 몇 년 전만 해도 2030세대들은 인생은 한 번뿐이니 나를 위해 아낌없이 소비하자는 '욜로(You Only Live Once·YOLO)'가 유행했어요. 그런데 **저축**보다 소비를 즐기며 욜로를 외치거나, 명품 등 비싼 물건으로 자신을 과시하던 젊은 층의 소비 트랜드가 급격히 바뀌고 있어요. 코로나 팬데믹 이후 찾아온 고물가와 고금리를 겪으면서 합리적인 소비를 넘어 극단적인 절약 습관이 유행하고 있는 것이지요. 특정 기간 동안 한푼도 쓰지 않는 '무지출 챌린지'를 비롯하여 서로 절약하는 방법을 공유하고 **독려**하는 카카오톡 오픈 채팅방 '거지방'도 큰 인기를 끌고 있어요.

　거지방은 자기 자신을 거지라고 지칭하며 여러 가지 절약하는 방법을 공유하고, 참여자 간 소비 내역을 공개하여 조언을 구하는 방식으로 운영돼요. 이때 채팅방에서 주고받는 대화가 큰 웃음을 주는데, 이것이 SNS상으로 퍼지면서 큰 인기를 얻었지요. 예를 들어 틴트(입술에 바르는 화장품)를 사고 싶다는 사람에게 '입술 꽉 깨물면 빨개져요'라고 대답하는 식으로요.

　'**해학**의 민족'답게 자칫 지루하고 힘들 수 있는 절약 과정을 유머러스하게 극복하는 사람들이 재미있다는 반응도 있는 한편, **혐오** 표현인 '거지'라는 단어가 불편하다는 의견도 있어요. 또한 젊은 세대들이 스스로를 '거지'라고 말하며 허리띠를 졸라매야만 하는 고물가, 저성장의 사회가 **씁쓸하다**는 평가도 나오고 있어요.

- **저축** 절약하여 모으는 것
- **독려** 감독하며 격려함
- **해학** 익살스럽고도 품위가 있는 말이나 행동
- **혐오** 미워하고 꺼림
- **씁쓸하다** 달갑지 아니하여 조금 싫거나 언짢다.

 **기사 깊이 알아보기**

1. 욜로(YOLO)가 추구하는 소비 생활의 단점은 무엇인가요?

_____

_____

_____

_____

2. 현명한 소비를 하기 위해서는 어떻게 해야 할까요?

① 나에게 꼭 (ㅍㅇㅎ) 물건인지 생각해본다.

② 가격, 디자인, 품질, 편리성등의 (ㄱㅈ)를(을) 정해 비교한다.

단어 깊이 알아보기

1. 우리 민족은 ㅎ ㅎ 의 민족이다.
2. ㅎ ㅇ 범죄가 늘어나면서 남녀 차별이 더욱 커졌다.
3. 세뱃돈이랑 용돈을 은행에 ㅈ ㅊ 하려고 통장을 만들었어.
4. 선생님의 ㄷ ㄹ 덕분에 피아노 콩쿠르에서 입상할 수 있었다.
5. 예선에서 탈락한 도윤이는 ㅆ ㅆ 한 표정을 감추지 못했다.

 어떤 주제일까요?   •경제 •정치 •사회 •문화 •과학 •국제 •환경 •인물

친환경 배송 수단의 혁명, 야쿠르트 카트

　학교 앞에서 야쿠르트를 파는 분들이 타고 다니는 탑승형 냉장 카트를 본 적이 있나요? 즉석에서 꺼내 주시는 시원한 야쿠르트를 마시면 갈증이 단숨에 사라져요. 이전에는 판매 사원이 카트를 **수동**으로 밀고 다녀야 했는데, 요즘은 판매 사원이 타고 다니는 전동 카트를 이용해요. 이동도 편리하고, 냉장 보관도 가능한 이 탑승형 전동 카트 이름은 '코코'. 코코는 우리나라에서 세계 최초로 개발한 제품이에요.

　코코는 판매 사원이 편하게 탑승하여 동네 곳곳으로 이동할 수 있고, 냉장고가 결합되어 있어 냉장 보관을 해야 하는 **유제품**을 판매하는데 최적화된 카트예요. 또한 친환경 배송 수단이라는 장점도 있어요. 냉장 유통을 위한 스티로폼 박스가 필요 없고, 전기로 움직이기 때문에 유해 가스나 매연도 나오지 않으니까요. 소음도 거의 없는데 최대 속도 시속 8km로 이동할 수 있어요. 이렇게 장점이 많은 야쿠르트 카트는 해외 언론에서도 화제가 되었어요. 유통 혁신 사례로 BBC, 월스트리트 저널, 뉴욕 타임즈와 같은 해외 언론에 소개되기도 했죠. 그리고 코코가 이번에는 **무역** 시장에 나왔어요. 캄보디아로 진출하게 된 거예요. 날씨가 더운 동남아시아를 시작으로 냉장 카트 코코에 대한 해외 **수요**가 높은 만큼 **수출**량은 계속해서 늘 것이라고 내다보고 있어요.

- **수동** 스스로 움직이지 않고 다른 것의 작용을 받아 움직임
- **유제품** 우유를 가공하여 만든 요구르트나 치즈 같은 식품
- **무역** 나라와 나라 사이에 물건과 서비스를 사고 파는 것
- **수요** 상품을 사려고 하는 욕구
- **수출** 국내의 상품이나 기술을 외국으로 파는 것

기사 깊이 알아보기

1. 탑승형 전동 카트 코코의 장점은 무엇인가요?

2. 지역이나 나라 간에 경제적 교류가 생기는 까닭은 무엇인가요?

단어 깊이 알아보기

다음의 단어 중 반대되는 단어를 찾아보세요.

수	자	움	폼	스	공
자	동	제	수	출	용
수	유	무	요	품	외

1. 자동 ↔ (   )
2. 공급 ↔ (   )
3. 수입 ↔ (   )

· 경제 · 정치 · 사회 · 문화 · 과학 · 국제 · 환경 · 인물

정답 1. 수동 2. 수요 3. 수출

중고 거래로 환경을 보호하다!

　최근 전 세계를 강타한 경제 위기와 함께 중고 거래가 증가하면서 이와 관련된 스타트업 기업이 가파른 성장세를 보이고 있어요. 국내 1위 중고 거래 플랫폼 당근마켓은 최근 **송금**과 결제가 가능한 '당근페이'를 출시했고, 중고차 **직거래**와 구인 구직에까지 사업을 확장했어요. 이전에는 부피가 커서 거래하기 어려웠던 중고 가구를 주로 거래하는 '오구가구'는 전문 설치 기사가 직접 방문하여 가구 **해체**부터 설치까지 처리해 줘요. 중고차를 손쉽게 거래할 수 있는 '헤이딜러'도 누적 중고차 거래액이 5조 원을 돌파하며 빠르게 성장하고 있지요. 이제 중고 거래에 성역이 없을 정도죠.

　그렇다면 경제적으로만 중고 시장이 주목받는 걸까요? 중고 시장의 성장세는 기후 변화와 코로나 **팬데믹**을 경험하면서 ESG(환경, 사회, 지배 구조를 뜻함)의 사회적 관심이 높아진 결과이기도 해요. 환경 단체인 '그린피스'에서는 청바지 한 벌을 만드는데 이산화탄소가 32.5킬로그램이 나온다고 발표했어요. 즉 새 옷을 입는 대신 중고 거래로 사고판다면 환경 보호에 앞장설 수 있어요. 가구, 자동차 등의 중고 거래는 '자원의 순환'으로도 주목받고요.

　이제 사람들은 환경의 소중함을 절실히 느끼고 있어요. 그러니 저렴한 가격에 좋은 제품을 구입할 수 있고, 환경에도 도움이 되는 중고 시장은 앞으로도 더욱 활발해질 거예요. 혹시 주변에 안 쓰는 물건이 있나요? 안 쓰는 물건을 팔면 돈도 벌고, 환경도 보호할 수 있답니다.

- **송금** 돈을 보냄
- **직거래** 중개인을 거치지 않고 살 사람과 팔 사람이 직접 거래함
- **해체** 여러 가지 부속으로 이루어진 것을 풀어 흩어지게 함
- **팬데믹** 세계적 규모로 전염병이 동시에 대유행하는 상태

기사 깊이 알아보기

1. 중고 물건을 사거나 팔아 본 경험이 있나요?(혹은 팔고 싶은 물건이 있나요?)

2. 중고 거래를 했을 때의 장점은 무엇인가요?(혹은 물건을 팔고 나면 어떤 기분이 들지 이야기를 나눠 보아요.)

단어 깊이 알아보기

1. 코로나 ㅍ ㄷ ㅁ (으)로 전 세계의 도시가 봉쇄되었다.
2. 엄마는 야채를 농산물 ㅈ ㄱ ㄹ 장터에서 주로 산다.
3. 학교 축구부는 새로운 부원이 들어오지 않아 ㅎ ㅊ 되었다.
4. 은행에서 ㅅ ㄱ 할 때에는 반드시 신분증이 필요합니다.

어떤 주제일까요?   • 경제   • 정치   • 사회   • 문화   • 과학   • 국제   • 환경   • 인물

정답 1. 팬데믹 2. 직거래 3. 해체 4. 송금

투자의 귀재, 워렌 버핏

　여러분이 만나고 싶은 사람과 식사할 수 있는 기회가 주어진다면 얼마를 낼 수 있나요? 세계 최고의 투자자 워렌 버핏은 매년 자신과의 식사를 **경매**에 붙여 그 금액을 기부해 왔는데요. 코로나 19로 인해 2년 만에 열린 지난 경매에서 한 끼 식사는 무려 1천 900만 달러(246억 원)에 낙찰되었습니다. 워렌 버핏이 도대체 어떤 사람이기에 그와 함께하는 식사에 이렇게 큰돈을 지불하는 걸까요?

　워렌 버핏은 미국의 오마하에서 태어났습니다. 그래서 '오마하의 **현인**'이라고도 불리지요. 그는 11살 때 주식 투자를 시작했고, 대학과 대학원에서 경영학을 공부하면서 유명 투자가였던 벤저민 그레이엄의 제자가 됩니다. 이후 자신만의 투자 방법과 철학으로 성장 가능성이 큰 기업을 찾아내어 투자하는 '가치 투자'의 대가로 이름을 떨치게 되었지요. 코카콜라와 같은 익숙하지만 **저평가**된 기업에 투자하여 큰 **수익**을 낸 아주 유명한 일화도 있고요.

　그는 '투자의 첫 번째 원칙은 절대 돈을 잃어서는 안 된다는 것이고, 두 번째 원칙은 첫 번째 원칙을 잊지 말아야 한다는 것이다', '10년 이상 보유하지 않으려면 단 10분도 보유하지 마라' 등의 투자 명언을 남겼는데요. 장기 투자의 중요성을 강조하면서 한 살이라도 어릴 때 투자를 시작하기를 권하고 있습니다. 또한 2006년에 자신의 재산을 빌 게이츠가 운영하는 '빌&멜린다 게이츠' 재단에 기부하였고, 자신의 재산 99퍼센트를 사회에 환원하겠다고 **공언**했답니다.

- **경매** 물건을 사려는 사람이 여럿일 때 값을 가장 높이 부르는 사람에게 파는 일
- **현인** 어질고 총명하여 성인에 다음가는 사람
- **저평가** 가치나 수준 따위를 낮게 매김
- **수익** 이익을 거두어들이거나 또는 그 이익
- **공언** 여러 사람 앞에 명백하게 공개하여 말함

기사 깊이 알아보기

1. 워렌 버핏이 말하는 '가치 투자'란 무엇인가요? 기사 내용에서 찾아보아요.

---

2. 큰 돈을 내고라도 꼭 함께 식사를 하고 싶은 사람이 있나요? 어떤 사람인지 생각해 보고, 그 사람을 만나고 싶은 이유를 생각해 보아요.

단어 깊이 알아보기

1. 좋은 환경에 비해 이 동네는 상대적으로 ㅈㅍㄱ 된 곳이다.
2. 심심풀이로 영상을 올렸더니 유튜브 ㅅㅇ 가(이) 발생했다.
3. 아이돌이 기부한 물건으로 불우 이웃 돕기 ㄱㅁ 를(을) 한대.
4. 5학년이 되면 열심히 책을 읽겠다고 ㄱㅇ 했으나, 지켜질지는 미지수다.
5. 옛 ㅎㅇ 들의 말씀을 모아 놓은 책이 바로 저것이다.

어떤 주제일까요?   • 경제   • 정치   • 사회   • 문화   • 과학   • 국제   • 환경   • 인물

정답: 1. 저평가 2. 수익 3. 경매 4. 공언 5. 현인

세상의 모든 정보, 구글 Google

궁금한 것이 있을 때, 인터넷을 열어 검색하는 행위를 영어로는 '구글링'이라고 표현해요. 구글링은 인터넷 검색 엔진인 '구글(Google)'에 현재 진행형인 'ing'를 붙여서 만든 합성어로, '구글로 정보를 검색한다'는 뜻을 지니고 있어요. 다시 말해 전 세계 검색 엔진 **점유율**의 80퍼센트를 차지하는 구글이 정보를 찾는 것의 **대명사**가 된 거예요.

다양한 동영상으로 유용한 정보와 유쾌한 즐거움을 주는 '유튜브'도 바로 이 구글의 서비스랍니다. 그 밖에도 구글은 스마트폰 운영 체제인 '안드로이드', 이메일 서비스인 '지메일', 데이터를 저장할 수 있는 '구글 드라이브', 전 세계의 지도를 볼 수 있는 '구글 맵' 등의 다양한 서비스를 제공하고 있어요. 몇 년 전 우리나라의 이세돌 9단과 바둑 대결을 한 인공 지능 '알파고' 역시 구글의 **자회사**에서 개발한 인공 지능 프로그램이에요. 인공 지능이 바둑으로 인간을 이길 수 없을 것이란 예상과 달리 알파고가 4대 1로 승리하면서 전 세계 사람들에게 큰 충격을 안겼죠.

이렇게 뛰어난 기술을 **기반**으로 다양한 서비스를 제공하고 있는 구글은 래리 페이지와 세르게이 브린, 이 두 사람이 공동으로 창업했어요. 지난 몇 년간 두 사람은 경영에서는 물러나 있었는데 최근 챗GPT가 구글의 인공 지능보다 앞선 기술을 선보이자 세르게이 브린이 구글에 복귀했지요. 앞으로 인공 지능 경쟁에서 여러 회사들이 얼마나 멋진 기술을 선보일지 눈여겨 보면 좋겠어요.

- **점유율** 물건이나 지위를 차지하고 있는 비율
- **대명사** 사람이나 사물의 이름을 대신 나타내는 말
- **자회사** 다른 회사와 자본적 관계를 맺어 그 회사의 지배를 받는 회사
- **기반** 기초가 되는 바탕

기사 깊이 알아보기

1. 정보 통신 기술의 발달로 사람들의 생활 모습은 어떻게 변화했나요?

일상생활이 _____.

필요한 _____ 과(와) _____ 를(을) 쉽고 바르게 얻을 수 있다.

2. 정보화로 인해 변한 일상생활의 모습을 두 가지 써 보세요.

_____

_____

_____

_____

단어 깊이 알아보기

1. 판소리는 입으로 전해지는 설화에 ㄱ ㅂ 를(을) 두고 형성되었다.
2. 뽀로로는 어린이를 위한 캐릭터의 ㄷ ㅁ ㅅ 라고 할 수 있다.
3. 수입품의 국내 ㅈ ㅇ ㅇ 가(이) 상당히 높은 편이다.
4. 부자들은 아버지가 아들에게 ㅈ ㅎ ㅅ 를(을) 만들어 재산을 물려준대.

· 경제 · 정치 · 사회 · 문화 · 과학 · 국제 · 환경 · 인물

한국이 곧 소멸될 거라고요!?

　한국의 합계 출산율이 0.7명대를 기록하면서 저출산에 대한 **고심**이 깊어지고 있어요. 특히 경제 협력 개발 기구(OECD) 회원국 중 한국 다음으로 합계 출산율이 낮은 나라는 스페인이에요. 하지만 스페인도 합계 출산율이 1.19명으로 합계 출산율이 1명 이하인 나라는 전 세계에 우리나라밖에 없어요. 그뿐이 아니에요. 아이를 낳아 엄마가 되는 나이도 점차 높아져 첫 아이를 낳는 여성의 평균 출산 연령이 33세를 기록했어요. 이 또한 OECD 국가 가운데 가장 높은 수준이지요. 첫 출산 자체가 늦다 보니 둘째를 낳지 않는 경우가 많아요. 이런 **극심한** 저출산 현상은 우리나라가 인구 절벽으로 소멸되는 첫 번째 국가가 될 거라는 관측까지 나오고 있어요.

　인구 감소는 국가의 경쟁력도 약화시킬 것으로 전망되고 있어요. 세금을 낼 젊은 인구는 줄어드는데 의료 기술의 발달로 장수하는 **고령 인구**는 증가하니까요. 이로써 경제 활력은 떨어지고, 사회적 지출은 크게 늘어날 거예요. 최근 미국 일간지 월스트리트저널에서는 한국의 저출산 문제를 심도 있게 조명했어요. 높은 교육비와 **치열한** 경쟁, 취업난과 서울의 집값 급등 등 사회 구조적 문제가 저출산의 원인이라는 기사였지요. 인구 정책 분야에서도 향후 10년이 인구 문제를 다룰 수 있는 마지막 **골든 타임**으로 보고 있어요. 따라서 초저출산을 극복하고 초고령 사회에 대응할 수 있는 대책을 신속히 마련하는 게 무엇보다 중요할 거예요.

- **고심** 몹시 애를 태우며 마음을 씀
- **극심한** 매우 심한
- **고령 인구** 나이가 많은 인구. 보통 65세 이상을 뜻함
- **치열하다** 기세나 세력 따위가 불길같이 맹렬하다
- **골든 타임** 어떤 일의 성패를 결정지을 수 있는 가장 중요한 시간대

기사 깊이 알아보기

1. 기사를 읽고 저출산으로 인해 예상되는 문제점을 이야기해 보아요.

_____

_____

2. 저출산을 극복하기 위해 필요한 정책을 생각해 볼까요?

_____

_____

단어 깊이 알아보기

1. 이 도로는 매일 아침마다 교통 체증이 ㄱ ㅅ ㅎ 곳이다.
2. 축구 경기 후반 44분에서 결승골을 넣으려고 ㅊ ㅇ ㅎ 몸싸움을 벌였다.
3. 수학 익힘책의 마지막 문제가 아무래도 안 풀려서 오랜 시간 ㄱ ㅅ 했다.
4. 고령화란 ㄱ ㄹ ㅇ ㄱ 가(이) 가속화된다는 의미이다.
5. 교통사고를 당한 뒤에 ㄱ ㄷ ㅌ ㅇ 를(을) 놓쳐서는 안 된다.

여기서 잠깐, 상식 노트

'**경제 협력 개발 기구(OECD)**'는 경제 성장과 개발 도상국 원조, 통상 확대를 주된 목적으로 1961년에 창설된 국제 경제 협력 기구예요. 세계 경제의 공동 발전과 인류 복지 증진을 위한 정책을 연구하는데, 우리나라는 1996년에 회원국으로 가입했어요.

어떤 주제일까요?
• 경제   • 정치   • 사회   • 문화   • 과학   • 국제   • 환경   • 인물

정답 1. 극심한 2. 치열하게 3. 고심 4. 고령 인구 5. 골든 타임

"학교가 끝나면 학원이나 공부방으로 가야 해요"

학교가 끝나고 학원이나 공부방을 가는 학생들이 많지요? 이렇게 학교에서 받는 교육 이외에 개인적 수요에 따라 학원이나 과외, 온라인 수업 등을 통해 추가적으로 수업을 듣는 것을 '사교육'이라고 해요. 교육열이 높은 우리나라는 사교육비 지출이 다른 나라에 비해 높은 편인데, 이것이 저출산의 이유 중 하나로 거론될 정도예요. 올해 교육부와 통계청에서 실시한 조사에 따르면 사교육비는 2년 연속 사상 최대치를 기록했어요. 또한 사교육 참여율은 전체 학생의 78퍼센트가 넘고, 1인당 월 평균 사교육비는 41만 원을 기록했지요.

사교육비가 급격히 늘어난 원인으로는 물가 상승도 있지만, 코로나19 **장기화**에 따른 학습 결손 우려가 가장 높은 것으로 조사되었어요. 특히 초등학생의 경우, 정부의 부족한 돌봄 정책으로 부모님이 일터에서 돌아오기 전까지 학원에 **의존**할 수밖에 없다는 의견이 지배적이지요. 물론 각 초등학교에서 방과 후 교실과 돌봄 교실을 운영하고 있지만, 수요에 비해 공급이 부족한 상황이에요. 이러한 조사 결과가 나오자 교육계 일각에서는 교육부를 향한 **성토**의 목소리를 내고 있어요. 2014년 이후 사교육비 **경감**에 대한 대책조차 마련하지 않았다는 거예요. 사교육비 지출을 줄이고 가계의 **부담**을 줄일 수 있는 정부의 적극적인 대책 마련이 시급해요.

- **장기화** 일이 빨리 끝나지 않고 오래 끌어짐
- **의존** 다른 것에 의지하여 존재함
- **성토** 여러 사람이 모여 잘못을 소리 높여 규탄함
- **경감** 부담이나 고통을 덜어서 가볍게 함
- **부담** 어떠한 의무나 책임을 짐

기사 깊이 알아보기

1. 내가 받고 있는 사교육과 사교육 비용을 알아볼까요.

_____

_____

_____

2. 사교육비를 줄이기 위해서는 어떤 정책이 필요할지 생각해 보아요.

_____

_____

_____

단어 깊이 알아보기

1. 학급 인원을 뽑는 선거 유세는 곧 친구들을 향한 ㅅ ㅌ 대회로 탈바꿈하였다.

2. 코로나로 인해 고통받는 가게 사장님들을 위해 건물 주인들이 임대료를 ㄱ ㄱ 해 주었다.

3. 이 일은 4학년인 나에게 큰 ㅂ ㄷ 가(이) 된다.

4. 나는 엄마보다 아빠에게 더 ㅇ ㅈ 하는 편이다.

5. 사건 수사가 ㅈ ㄱ ㅎ 될 것으로 보인다.

어떤 주제일까요?

· 경제   · 정치   · 사회   · 문화   · 과학   · 국제   · 환경   · 인물

정답: 1. 선동 2. 경감 3. 부담 4. 의존 5. 장기화

애국 소비보다 아이폰!
중국의 변함없는 아이폰 사랑

애플의 아이폰 15 **신제품**이 공개되던 날, 중국 베이징의 애플 스토어 매장에는 새벽부터 500명이 넘는 사람들이 모여들었어요. 이번 아이폰 신제품이 중국에서 생각만큼 판매되지 않을 거란 예상을 뒤엎는 상황이 일어난 거예요.

미중 갈등이 점점 심화되면서 중국 정부에서는 공무원들에게 아이폰 사용 **금지령**을 내리는 등 애국 소비를 강조했어요. 아이폰은 미국산 제품의 상징처럼 여겨지고 있는 터라 '애국 소비'를 부추긴다면 아이폰 15 판매에 **악영향**을 미칠 수밖에 없으니까요. 뿐만 아니라 중국 회사에서 만든 '화웨이 메이트 60' 시리즈가 인기를 얻으면서 아이폰의 **대체품** 역할을 하지 않겠느냐는 전망도 나왔지요. 그러나 새로 출시된 아이폰에 대한 중국인들의 관심은 매우 뜨거웠습니다. 아이폰 15가 판매를 시작한 날, 곳곳의 매장에서는 종일 **북새통**을 이루었지요. 심지어 전작인 아이폰 14보다 사전 주문량이 10퍼센트나 많았어요.

이렇게 인기가 높다 보니 재판매하려는 사람들도 속속 나왔어요. 사전 예약에 실패한 사람들 중에는 **웃돈**을 주고서라도 아이폰을 구하려고 했고, 아이폰 15를 사자마자 곧바로 비싼 값에 되파는 일도 비일비재했어요. 결국 중국 정부에서 내놓은 애국 소비에도 아이폰 **불매** 독려는 실패한 것으로 보입니다.

- **신제품** 새로 만든 물건
- **금지령** 금지하는 법령이나 명령
- **악영향** 나쁜 영향
- **대체품** 무엇을 대신하는 물품 (=대용품)
- **북새통** 많은 사람들이 야단스럽게 부산을 떨며 법석이는 상황
- **웃돈** 본래의 값에 덧붙이는 돈
- **불매** 상품 따위를 사지 아니 함

기사 깊이 알아보기

1. 우리 주변에서 볼 수 있는 세계화 모습을 써 봅시다.

2. 만약 우리나라에서도 '애국 소비'를 위해 다른 나라의 제품을 사용하지 말라고 권한다면 여러분은 어떻게 할 생각인가요?

단어 깊이 알아보기

1. 뉴스에서는 무분별한 유튜브 영상이 어린이에게 ㅇ ㅇ ㅎ 를(을) 미친다고 보도했어요.
2. 마땅한 ㄷ ㅊ ㅍ 가(이) 없어 가격이 터무니없이 올랐다.
3. 슬라임에서 몸에 해로운 물질이 발견되자 부모들 사이에서 슬라임 ㅂ ㅁ 운동이 일었다.
4. 밤에 잠도 자지 않고 만화책만 읽던 누나에게 결국 만화책 ㄱ ㅈ ㄹ 가(이) 내려졌다.
5. 게임칩 ㅅ ㅈ ㅍ 발매일이 사흘 앞으로 다가왔다.

여기서 잠깐, 상식 노트

'세계화'는 세계 여러 나라가 국경을 넘어 다양한 분야에서 교류하면서 전 세계가 하나로 연결되는 현상을 말해요. 미국에서 만든 아이폰을 중국에서 사용하는 것도 세계화의 한 예라고 할 수 있지요.

어떤 주제일까요?

· 경제 · 정치 · 사회 · 문화 · 과학 · 국제 · 환경 · 인물

정답 1. 악영향 2. 대체품 3. 불매 4. 금지령 5. 신제품

상급편

그동안 쌓인 배경지식을 바탕으로 논리력까지 길러 볼까요? 나의 경험과 생각을 바탕으로 기사에 대한 나의 의견을 떠올려 보세요. 나는 왜 그렇게 생각하는지, 내 의견에 대한 근거를 생각하다 보면 논리력도 쑥쑥 자라날 거예요.

담배에 세금을 붙이는 건 정당한 일일까?

길거리를 지나다가 다른 사람이 내뿜는 담배 연기를 마시고 불쾌했던 경험이 있나요? 건강에도 해롭고 중독성이 강한 담배를 법으로 금지하는 건 생각만큼 쉬운 일이 아니에요. 개인의 자유를 **침해**하는 것이기 때문이지요. 그래서 정부는 담뱃값에 세금을 붙여서 판매합니다. 담배가 사회에 미치는 악영향을 벌하기 위해 부과하는 '**죄악**세'인 셈이지요. 하지만 담뱃값은 '서민 **증세**'라는 이유로 늘 논쟁의 대상이 되고는 해요. 그러던 중 2015년 이후 4천 500원으로 유지되고 있는 담뱃값 인상에 대한 이야기가 슬슬 나오고 있어요.

OECD 국가의 평균 담뱃값이 7달러(약 8천 400원)인 반면, 우리는 4달러 정도로 팔아요. 담뱃값 인상에 찬성하는 사람들은 담뱃값의 형평성과 일정 부분 가격 부담이 있어야 금연을 할 의지가 생길 거라고 주장해요. 또 흡연자는 비흡연자에게 간접적으로 흡연을 강요하고 있으니 세금을 더 내야 한다고 말하지요. 그러나 흡연자들은 담배는 **기호 식품**이고, 담뱃값을 올리는 것은 흡연자들에게만 세금 부담을 **가중**하는 것이라며 반발하지요. 이에 정부는 담뱃값 인상 계획은 없다고 발표했지만, 담뱃값 인상이 합법적으로 세금을 올리는 매력적인 선택이라 언제든 정부의 입장이 바뀔 수도 있어요.

- **침해** 침범하여 해를 끼침
- **죄악** 죄가 될 만한 나쁜 짓
- **증세** 세금을 올림
- **기호 식품** 사람 몸에 필요한 영양소가 들어 있는 것은 아니지만 술이나 담배, 커피와 같이 개인의 취향에 따라 즐기고 좋아하는 식품
- **가중** 부담이나 고통을 더 크게 하거나 어려운 상태를 심해지게 함

 **기사 깊이 알아보기**

1. 담배를 법으로 금지하지 못하는 이유는 무엇인가요?

....

....

....

2. 담뱃값을 올리는 것에 대한 나의 의견을 써 보세요.

나는 담뱃값을 올리는 것에 (찬성 / 반대)합니다.

왜냐하면 ....

....

....

단어 깊이 알아보기

밑줄 친 ㉠과 ㉡의 뜻과 가장 잘 어울리는 단어를 보기에서 고르세요.

| 보기 | 침해 | 가중 | 죄악 | 증세 |

- 게임이나 유튜브를 보고 무심코 하는 행동들이 ㉠**거리를 지나가는 사람에게 피해를 입히거나 다치게 할** 수도 있어.
- 이럴 경우, 의도치 않게 ㉡**누군가의 생활에 큰 피해를 줄 수도** 있겠네요.

㉠: ....   ㉡: ....

 **어떤 주제일까요?**   • 경제   • 정치   • 사회   • 문화   • 과학   • 국제   • 환경   • 인물

정답: ㉠ 죄악, ㉡ 침해

자율 주행 자동차와 트롤리의 딜레마

테슬라의 최고 경영자 일론 머스크는 2023년 7월 상하이에서 열린 세계 인공 지능 대회 **개막** 영상에서 완전한 자율 주행이 가까워졌다고 이야기했습니다. 하지만 많은 사람들은 자율 주행 차량이 상용화되는 것은 쉬운 일이 아니라고 입을 모으고 있습니다. 그 이유는 사고가 났을 때에 빚어지는 책임 문제 때문입니다. 완전한 자율 주행이 도입되면 운전자 없이도 차가 움직일 수 있어요. 그렇다면 사고가 났을 때, 그 책임은 자동차 주인의 몫일까요, 자동차를 만든 사람의 몫일까요?

책임 문제뿐 아니라 생각해 볼 문제가 또 있습니다. '트롤리 딜레마'라고 불리는 윤리학의 사고 실험인데요. 브레이크가 고장난 **트롤리**가 질주하고 있다고 생각해 봅시다. 트롤리가 직진을 하면 5명의 사람이 사망하고 내가 레일 변환기로 방향을 바꾸면 1명만이 사망한다고 할 때, 어떤 선택을 해야 할까요? 만약 방향을 바꾸기로 결정했다면 **다수**를 구하기 위해 **소수**를 희생하는 것은 정당할까요?

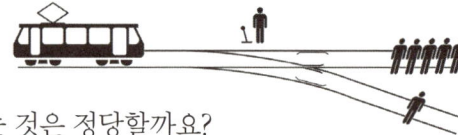

자율 주행차도 마찬가지입니다. 직진을 하면 **보행자**를 치게 되고 핸들을 꺾으면 운전자가 다치게 될 때, 어떤 결정을 하도록 프로그래밍해야 할까요? 이런 상황에 대한 정답은 없습니다. 결국 양자를 모두 다치지 않게 할 수 있을 정도의 기술력이 생기지 않는 한, 완전한 자율 주행차를 **단기간** 안에 상용화하기는 어려울 거예요.

- **개막** 막을 열거나 올린다는 뜻으로 행사 따위를 시작함을 뜻함
- **트롤리** 전력을 공급받아 레일 위를 달리는 작은 차량
- **다수** 수가 많음   • **소수** 적은 수
- **보행자** 걸어서 길거리를 왕래하는 사람
- **단기간** 짧은 기간

 **기사 깊이 알아보기**

1. 자율 주행 자동차가 상용화되면 편리한 점은 무엇일까요?

2. 트롤리가 직진을 하면 5명의 사람이 사망하고, 내가 레일 변환기로 방향을 바꾸면 1명만이 사망한다고 할 때 나는 어떤 선택을 해야 할까요? 자신의 주장과 근거를 적어 보세요.

 단어 깊이 알아보기

뜻이 반대되는 단어를 보기에서 찾아보세요.

보기	다수	보행자	단기간	개막

1. 폐막 - (　　　　　)
2. 장기간 - (　　　　　)
3. 소수 - (　　　　　)
4. 주행자 - (　　　　　)

여기서 잠깐, 상식 노트

'윤리학'이란 무엇일까요. 윤리학은 올바른 시민 의식을 기르고 주인 의식을 지닌 바람직한 한국인상을 쌓는 학문입니다. 윤리학은 비단 한국의 사상만을 공부하는 것이 아니라 동양과 서양의 마음가짐과 자세를 두루두루 공부한답니다.

 **어떤 주제일까요?**　　• 경제　• 정치　• 사회　• 문화　• 과학　• 국제　• 환경　• 인물

정답: 1. 개막 2. 단기간 3. 다수 4. 보행자

131

우리 집에서 자고 갈래? 에어비앤비

친구 집에 놀러 가서 잠을 자 본 적이 있나요? 친구와 밖에서 노는 것도 즐겁지만 '집'이라는 공간에서 시간을 보내고 나면 더 **친밀해진** 기분이 들 거예요. 다른 사람이 사는 공간을 경험한다는 것은 상대방을 더 깊게 이해하게 만들지요.

에어비앤비는 '호텔'이 아닌 '집'에서 잠을 잘 수 있게 도와주는 숙박 **플랫폼**이에요. 숙박 시설과 숙박객을 온라인으로 연결해 주는 사이트는 많지만, 에어비앤비는 숙박 시설이 아닌 '집'을 연결해 준다는 점이 특별해요.

샌프란시스코의 한 아파트에서 함께 살던 조 게비아, 브라이언 체스키, 네이선 블레차르치크는 매년 샌프란시스코에서 열리는 디자인 **컨퍼런스**를 찾는 방문객들의 숙박 문제를 듣고는 집에 사람들을 재워 주고 돈을 받는 아이디어를 떠올렸어요. 집 안에 남는 공간에 공기 주입 침대(Air bed)를 놓고 간단한 아침 식사(Breakfast)를 제공하기로 한 거예요. 숙박을 구하지 못해 발을 동동 구르던 사람들은 호텔보다 훨씬 저렴한 비용에 그 지역의 문화까지 느낄 수 있다며 매우 만족스러워했어요. 그렇게 '에어비앤비(Airbnb, Air bed & Breakfast)'가 시작됐지요.

에어비앤비에 등록된 집 주인은 여행객에게 집 전체를 빌려 줄 수도 있고, 방 한 칸만 빌려 줄 수도 있어요. 집 주인은 빈 공간을 빌려 주는 대신 돈을 벌 수 있고, 여행객은 호텔보다 저렴한 가격으로 숙박을 해결할 수 있으니 일석이조겠죠. 뿐만 아니라 그 지역의 주민이 된 기분마저 느낄 수 있어요. 에어비앤비는 전세계 220개가 넘는 나라로 진출하며 현재 가장 주목받는 **스타트업** 회사가 되었어요.

- **친밀하다** 지내는 사이가 매우 친하고 가까움
- **플랫폼** 온라인상에서 사용자들이 모일 수 있는 공간이나 상품을 판매하기 위한 기본 구조
- **컨퍼런스** 공통의 전문적·학술적인 주제를 가지고 긴 시간에 걸쳐 열리는 회의
- **스타트업** 혁신적 기술이나 아이디어를 보유한, 설립한 지 오래되지 않은 신생 벤처 기업

 **기사 깊이 알아보기**

1. 에어비앤비의 장점은 무엇인가요?

집 주인 : _____

여행객 : _____

2. 다음은 기행문에 들어가야 할 내용입니다. 에어비앤비나 호텔 등의 숙박 시설을 이용했던 경험을 넣어 기행문을 적어 보세요.

여정: 시간과 장소가 드러나게 써요.	
견문: 보고 들은 내용을 자세하고 생생하게 풀어 써요.	
감상: 생각이나 느낌을 써요.	

 **단어 깊이 알아보기**

다음 단어에 대한 뜻풀이를 찾아 바르게 선으로 이어 보세요.

1. 스타트업 •

2. 플랫폼 •

• ① 역에서 기차를 타고 내리는 곳이라는 뜻이나, 온라인상에서는 같은 목적을 가진 사용자들이 모일 수 있는 공간이나 상품을 판매하기 위한 기본 구조

• ② 공통의 전문적·학술적인 주제를 가지고 긴 시간에 걸쳐 열리는 회의

• ③ 벤처 기업, 모험 기업, 개척 기업 등 신생 창업 기업을 뜻하는 말로, 혁신적인 기술이나 아이디어를 보유하고 설립된 지 오래되지 않은 기업

 **어떤 주제일까요?** • 경제 • 정치 • 사회 • 문화 • 과학 • 국제 • 환경 • 인물

정답: 1-③ 2-①

네이마르의 경기를 보려면 파리가 아닌 사우디아라비아로!

브라질의 네이마르 선수를 아시나요? 프랑스 프로 축구 파리 생제르맹(PSG)에서 뛰던 네이마르 선수가 사우디아라비아 프로 축구단 알힐랄로 **이적**했습니다. 그런데 이적료가 무려 9천만 유로(우리나라 돈으로 약 1천 300억 원)에 달한다고 해요. 그렇다면 축구 구단에서는 왜 이렇게 큰 돈을 선수에게 지불하는 것일까요?

그 이유는 아주 간단해요. 유명 선수 **영입**에 들어간 돈 이상의 경제 효과가 일어나기 때문입니다. 경기 티켓 파워는 물론이고, 선수의 유니폼을 비롯하여 선수를 모델로 한 제품의 수출 증대 등 어마어마한 경제 파급 효과가 일어납니다. 그뿐인가요. 선수를 보러 오는 해외 관광객이 늘어날 수도 있어 해당 구단이 속한 나라의 **인지도**와 **호감도** 상승과 같은 부차적인 효과까지 기대할 수 있지요.

우리나라 축구 선수 손흥민(토트넘)도 약 2천 700억 원에 해당하는 경제적 효과를 내고 있다는 연구 결과가 나왔습니다. 이는 승용차 9천 800대를 판 것과 맞먹는 수치라고 해요. 그래서일까요? 스포츠를 한류의 한 분야로 인식하고 이를 **육성**해야 한다는 주장이 심심치 않게 나오고 있습니다. 우리나라에서 더 다양한 분야의 스포츠 스타들이 생겨 한국의 위상이 높아지고, 중장기적으로는 관광 및 투자 **유치**까지 확대될 수 있기를 기대합니다.

- **이적** 운동선수가 소속팀으로부터 다른 팀으로 소속을 옮기는 일
- **영입** 회사나 조직의 일원으로 받아들임
- **인지도** 어떤 사람이나 물건을 알아보는 정도
- **호감도** 어떤 대상에 대하여 좋은 감정을 갖는 정도
- **육성** 길러 자라게 함
- **유치하다** 행사나 사업을 이끌어 들이다

기사 깊이 알아보기

1. 유명한 운동선수일수록 많은 이적료를 받을 수 있는 이유는 무엇일까요?

---

2. 내가 좋아하는 운동선수를 소개해 보세요.

단어 깊이 알아보기

1. 최근 들어 아이돌보다 유튜버의 ㅎ ㄱ ㄷ 가(이) 높아지고 있다.
2. 국회의원들은 유명한 사람을 자기 당으로 ㅇ ㅇ 하려 한다.
3. 상품 ㅇ ㅈ ㄷ 를(을) 높이려고 학생들이 많이 다니는 학원에 홍보 포스터를 내걸었다.
4. 올림픽 ㅇ ㅊ 경쟁이 치열하다.
5. 수학올림피아드 선수를 ㅇ ㅅ 하기 위한 특별반이 생겼다.

어떤 주제일까요?

• 경제 • 정치 • 사회 • 문화 • 과학 • 국제 • 환경 • 인물

정답 1. 호감도 2. 영입 3. 인지도 4. 유치 5. 육성

이제부터는 생일이 지나야 나이를 먹을 수 있어요

한국식 나이와 국제 나이가 다르다는 것을 알고 있나요? 우리나라는 태어났을 때 1살이 되고, 다음 해 1월 1일이면 모두 함께 나이를 먹어요. 12월 31일에 태어난 아이는 태어난 지 하루 만에 2살이 되었지요. 하지만 외국에서는 태어났을 때를 0살로 계산하고 생일이 돌아오면 1살이 되는 방식으로 나이를 세요. 이렇게 꼬박 1년이 지나야 나이를 먹는 것을 '만 나이'라고 부르는데, 사실 우리나라도 법률상으로는 만 나이를 사용해 왔어요. 이렇듯이 생활 나이와 법률 나이가 **불일치**하자 국내외적으로 행정상의 불편한 점이 수면 위로 속속 드러났어요.

결국 정부에서는 2023년 6월부터 만 나이를 **도입,** 법으로 지정하여 시행하기로 결정하면서 한국식 나이가 사라졌어요. 만 나이를 사용하면 한국식 나이보다 1, 2살이 어려지고, 같은 학년이래도 생일에 따라 나이가 달라져요. 예를 들어 한국 나이로 12살이었던 5학년생의 경우, 생일이 지났다면 11살이고 생일이 아직 지나지 않았다면 10살이 되는 것이지요.

당분간은 '몇 살이세요?'라는 물음에 혼란스러운 사람들도 있을 거예요. 익숙하지 않은 체제로 **혼동**이 일 수는 있겠지만, 생활 나이와 법률 나이가 일치되는 긍정적인 **효과**가 있을 것으로 기대됩니다.

- **불일치** 의견이나 생각이 서로 어긋나서 맞지 않음
- **도입** 기술, 방법, 물자 등을 끌어들이다
- **혼동** 구별하지 못하고 뒤섞여서 생각하다
- **효과** 어떤 목적을 지닌 행위에 의해 드러나는 보람이나 좋은 결과

기사 깊이 알아보기

1. 우리나라가 만 나이 제도를 도입한 이유는 무엇인가요?

---

2. 세는 나이로는 몇 살이고, 만 나이로는 몇 살인지 적어 보세요. 만 나이로 바뀌어서 좋은 점과 나쁜 점도 이야기해 보아요.

단어 깊이 알아보기

단어의 뜻을 올바르게 이어 보아요.

1. 도입   •   • ① 좋다는 약을 다 먹었는데도 별 (   )가(이) 없다.
2. 불일치 •   • ② 엄마와 나의 의견은 늘 (   )하다.
3. 혼돈   •   • ③ 더 이상의 (   )과(와) 무질서는 없길 바란다.
4. 효과   •   • ④ 이 책의 (   ) 부분이 만화로 되어 있다.

 • 경제 • 정치 • 사회 • 문화 • 과학 • 국제 • 환경 • 인물

정답 1-④, 2-②, 3-③, 4-①

혁신의 아이콘, 스티브 잡스

　사과를 한 입 베어 문 모양의 로고를 본 적 있나요? 이 로고는 스마트폰 시대를 연 '애플'의 회사 로고입니다. 단순하면서도 세련된 디자인으로 엄청난 팬층을 보유하고 있는 애플을 창업한 사람은 스티브 잡스입니다.

　어릴 적, 공부에 큰 관심이 없었던 잡스는 대학에 입학한 뒤에도 수업에 큰 흥미를 느끼지 못하고 대학을 중퇴했어요. 그러나 대학을 다니는 동안 다양한 수업을 **청강**했고, 그때 들었던 수업이 애플을 창업하는데 큰 도움이 되었지요.

　잡스는 친구인 스티브 워즈니악과 함께 애플을 설립하고, '매킨토시'라는 컴퓨터를 만들었어요. 당시 컴퓨터는 키보드로 명령어를 입력해야 작동했는데, 그게 꽤나 어렵고 복잡했거든요. 그런데 매킨토시는 오늘날 우리가 사용하는 컴퓨터처럼 마우스를 움직여 손쉽게 사용할 수 있었어요. 매킨토시는 상업적으로 성공한 최초의 개인용 컴퓨터였지만, 비싼 가격과 부족한 응용 프로그램 등의 이유로 판매에 실패했고, 잡스는 자신이 세운 애플에서 **해고**됐어요.

　그로부터 12년 뒤, 잡스는 경영 위기를 겪는 애플로 **복귀**했고, 아이맥과 아이팟 등을 출시하며 재기에 성공했어요. 이윽고 2007년, 잡스는 '아이폰'을 출시하면서 스마트폰 시대를 활짝 열었어요. 지금이야 스마트폰의 기능이 당연한 것처럼 여겨지지만, 당시에는 인류의 변화로 느껴질 만큼 엄청난 **혁신**이었답니다.

- **청강** 수강 과목에 등록하지는 않았지만, 교수님께 부탁하여 수업을 듣는 것
- **해고** 고용주가 고용 계약을 해제하여 피고용인을 내보내는 것
- **복귀** 본디의 자리나 상태로 되돌아감
- **혁신** 묵은 풍속, 관습, 조직, 방법 따위를 완전히 바꾸어서 새롭게 함

📝 기사 깊이 알아보기

1. '애플' 또는 '아이폰'에 대해 알고 있는 것을 이야기해 볼까요.

___

___

___

2. 내가 알고 있는 지식을 떠올리면서 글을 읽으면 좋은 점을 적어 보세요.

___

___

___

___

💡 단어 깊이 알아보기

1. ㅊㄱ 생들을 위한 자리를 따로 두지 않아서 ㅊㄱ 생들은 서서 수업을 들어야 한다.
2. 출산 휴가를 가신 담임 선생님께서 ㅂㄱ 를(을) 하신대.
3. 오늘 뉴스에 회사에서 ㅎㄱ 된 노동자들이 회사 옥상을 차지하고 데모를 한다고 했다.
4. MZ세대는 이 시대의 ㅎㅅ 를(을) 불러일으킬 것이다.

🔍 어떤 주제일까요?

• 경제　• 정치　• 사회　• 문화　• 과학　• 국제　• 환경　• 인물

정답 1. 청강 2. 복귀 3. 해고 4. 혁신

쇼핑업계의 큰 손, '욜드족'을 잡아라

고령화 사회로 접어들면서 욜드족이 강력한 소비 집단으로 떠오르고 있어요. '욜드족'은 젊은 노인을 뜻하는 'Young+Old'의 합성어로, 경제력과 시간 여유를 누리며 자기 자신에게 적극적으로 투자하는 65~75세를 의미하는 신조어예요. 나이로만 보면 **노년층**에 속하지만 몸과 마음이 젊은이들 못지않은 세대지요. 과거에는 예순, 일흔 살만 되어도 **장수**했다며 환갑잔치와 고희연을 열었어요. 하지만 의료 기술의 발달로 **기대 수명**이 80세를 넘기면서 60대는 더 이상 노인으로 분류되지 않아요. 되레 소비 트랜드를 주도하는 세대가 되었어요. 뿐만 아니라 욜드족은 새로운 것을 받아들이는데 다소 **소극적**이었던 이전의 세대와 달리 새로운 것을 배우는 데 적극적이며, 취미가 다양하고, 자신에게 **과감하게** 투자해요. 그러다 보니 쇼핑업계는 욜드족을 전면에 내세운 광고나 마케팅을 펼치는 등 욜드족을 잡기 위해 혈안이 되어 있어요.

2025년이면 우리나라 인구의 20퍼센트 이상이 65세 이상이 되는 초고령 사회에 진입할 것으로 예측하고, 인구 수가 압도적으로 많은 베이비부머 세대(1955~1963년생)를 겨냥한 욜드족 시장은 점점 더 확대될 것으로 전망하고 있어요.

- **노년층** 사회 구성원 가운데 노년기에 있는 사람을 통틀어 이르는 말
- **장수** 오래도록 삶
- **기대 수명** 생존할 것으로 기대되는 평균 생존 연수
- **소극적** 상황을 개선하려는 기백이 부족하고 비활동적임
- **과감하다** 과단성이 있고 용감하다.

기사 깊이 알아보기

1. '욜드족'이란 무엇일까요? 욜드족의 정의를 내리고, 그들의 특징을 이야기해 보아요.

---

2. 우리나라의 인구 구조 변화에 대한 설명으로 알맞은 것에 동그라미를 쳐 보아요.

1960년대, 우리나라는 출산율과 사망률이 높아서 (유소년층 / 노년층)의 인구 비율은 높은 반면 (유소년층 / 노년층)의 비율은 낮았어요. 하지만 1990년대 이후 출산율이 낮아지고, 평균 수명이 늘어나면서 (유소년층 / 노년층)의 비율은 줄어들고 65세 이상 (유소년층 / 노년층) 인구의 비율이 높아지는 저출산 고령화 현상이 빠르게 진행되고 있어요.

단어 깊이 알아보기

1. 평균 수명이 늘어나면서 ㄴ ㄴ ㅊ 의 인구가 증가됐다.
2. 규칙적인 운동이야말로 건강하게 ㅈ ㅅ 를(을) 누리는 비법이다.
3. 내 동생은 사람들 앞에 나서는 걸 꺼리는 ㅅ ㄱ ㅈ 인 아이다.
4. 4학년 형의 불합리한 요구에 재호가 ㄱ ㄱ 하게 나서 한 마디 건넸다.
5. 거북이의 ㄱ ㄷ ㅅ ㅁ 는(은) 40년쯤 된다.

· 경제 · 정치 · 사회 · 문화 · 과학 · 국제 · 환경 · 인물

학교 폭력이 발각되면 대학에도 갈 수가 없어요!

최근 몇몇 연예인들이 학창 시절에 친구들을 괴롭히고 학교 폭력을 저지른 일이 밝혀지면서 그룹을 탈퇴하거나 활동을 중단하는 일이 있었어요. 스포츠계에서도 학교 폭력 논란이 제기되자 구단에서 선수의 지명을 취소하거나 팀에서 **방출**하는 등 **강경 대응**하는 사회적 분위기가 조성되고 있어요. 학교 폭력을 더 이상 어릴 때 저지른 가벼운 실수로 간주하지 않는 것이지요.

학교 폭력에 대한 경각심이 커지는 가운데 교육부는 2026학년도 입시부터 학교 폭력 조치 사항을 대학 입시에 반영하기로 하였고, 한국대학교육협의회(대교협)와 함께 가이드라인도 배포했어요. 학교 폭력 가해 학생의 조치 사항은 학교 생활부에 기재되고, 모든 입시 전형에서 필수적으로 반영하도록 명시했어요. 이와 더불어 전국 196개인 4년제 대학교 중 147개 학교는 2025학년도 대입부터 학교 폭력 기록을 반영하겠다고 밝혔어요. 학교 폭력 기재 학생은 아예 특정 전형에 지원하지 못하게 명시한 학교도 늘어나고 있고요. 이제 학교 폭력을 저지른 학생은 대학을 가기 점점 더 어려워질 거예요. 하지만 이런 **엄벌주의**만으로 학교 폭력 예방과 **근절** 효과에 한계가 있는 만큼 서로 배려하는 마음으로 학교 폭력이 일어나지 않게 노력하는 것이 좋겠어요.

- **방출** 물리쳐 내쫓음
- **강경 대응** 굳세고 강하게 버티는 태도나 행동을 취함
- **엄벌주의** 잘못한 사람에게 엄하게 벌을 내려주는 방침
- **근절** 다시 살아날 수 없도록 아주 뿌리째 없애 버림

기사 깊이 알아보기

1. 우리 주변에서 일어나는 학교 폭력과 학교 폭력 예방 교육 활동의 예를 적어 보세요.

2. 우리가 생활 속에서 실천할 수 있는 인권 보호 활동에는 무엇이 있는지 이야기를 나눠 보세요.

단어 깊이 알아보기

예문의 초성을 참고하여 괄호 안에 알맞은 낱말을 써 보아요.

1. (　　　　　): 다시 살아날 수 없도록 아주 뿌리째 없애 버림
   예문: 미술 시간에 학교 폭력 (ㄱㅈ)를(을) 위한 포스터 그리기를 했다.

2. (　　　　　): 물리쳐 내쫓음
   예문: 부상을 입어서 경기에 나가지 못한 야구 선수를 야구단에서 (ㅂㅊ)했다.

3. (　　　　　): 굳세고 강하게 버티는 태도나 행동을 취하다
   예문: 경찰은 아동 학대 범죄에는 (ㄱㄱㄷㅇ)를(을) 하겠다고 발표했다.

어떤 주제일까요?　•경제　•정치　•사회　•문화　•과학　•국제　•환경　•인물

정답 1. 근절 2. 방출 3. 강경 대응

경찰도 쉬쉬하는
가해자의 신상을 알려드립니다

　몇 년 전, 경기도의 모 초등학교에서 악성 민원으로 인해 교사 2명이 잇따라 극단적인 선택을 한 사실이 뒤늦게 알려졌어요. 이후 온라인에서 악성 민원을 제기한 학부모로 추정되는 인물의 **신상**이 공개되었습니다. 한 사람을 죽음으로 몰고 갈 정도로 괴롭힌 대가를 받아야 한다는 **여론**이 확산된 반면, 사적 제재에 대한 **우려**의 목소리도 나오고 있어요.

　악성 민원 가해자의 신상을 공개한 계정에는 학부모의 사진은 물론 자녀의 초등학교 졸업 사진, 현재 사진, 소유하고 있는 아파트 등의 개인 정보가 다수 노출되었어요. 또한 앞으로도 사건과 관련된 사람들에 대한 구체적인 신상을 공개하겠다는 예고도 했고요. 해당 게시물에는 '신상 공개로 죗값을 받길 바란다', '법이 약해서 이렇게라도 정의 구현을 해야 한다'며 지지하는 댓글이 대부분이지만, 신상 공개가 과하다는 입장도 있어요. 학부모의 행위는 분명 잘못되었지만, 법적인 처벌을 받아야지 사적인 정보들이 유통돼서는 안 된다고요. 더욱이 이렇게 개인의 정보를 허락없이 게시하는 행위는 개인 정보 보호법 **위반**, **명예 훼손** 등의 처벌을 받을 수 있기 때문에 주의해야 해요. 최근 무분별한 신상 퍼 나르기로 인해 잘못된 정보가 알려져서 엉뚱한 사람들이 피해를 입는 경우가 생겼던 만큼 각별한 주의가 필요해요.

- **신상** 얼굴, 성명, 나이 등 개인에 관한 정보
- **여론** 사회 대중의 공통된 의견
- **우려** 근심하거나 걱정함
- **위반** 법률, 명령 약속을 지키지 않고 어김
- **명예 훼손** 사실을 말하여 다른 사람의 명예를 실추시키는 것

1. 사적 제재가 문제가 되는 이유는 무엇인가요?

2. 일상생활에서 법을 준수하는 태도가 필요한 이유를 써 보세요.

단어의 뜻을 올바르게 이어 보아요.

1. 명예 훼손 •　　　　　• ① 근심하거나 걱정함
2. 위반 •　　　　　　　• ② 얼굴, 성명, 나이 등 개인에 관한 정보
3. 신상 •　　　　　　　• ③ 법률, 명령 약속을 지키지 않고 어김
4. 우려하다 •　　　　　• ④ 사실을 말하여 다른 사람의 명예를 실추시키는 것
5. 여론 •　　　　　　　• ⑤ 사회 대중의 공통된 의견

어떤 주제일까요?　• 경제　• 정치　• 사회　• 문화　• 과학　• 국제　• 환경　• 인물

정답: 1-④ 2-③ 3-② 4-① 5-⑤

사형 제도는 부활해야 할까?

　최근 들어 사람이 많은 곳에서 불특정 다수를 향한 **흉기** 난동이 일어나는 등 흉악 범죄가 잇따르자 '사형 집행 부활'이 사회적 이슈로 떠오르고 있어요. 현재 우리나라는 죄를 지으면 죄에 대한 대가로 벌금이나 **징역형**을 받아요. 죄가 중한 경우에는 사형 **선고**도 내리지만, 1997년 이후 사형은 한 번도 집행되지 않았어요. 사실상 사형 **폐지**국이나 다름없지요. 그러나 반인도적인 흉악 범죄가 일어날 때마다 사형을 집행해야 한다는 주장이 터져 나와요. 큰 죄를 저지른 사람을 감옥에 가두는 것만으로는 죗값이 너무 약하다면서, 사형을 집행해야 확실한 범죄 **예방** 효과가 있을 거라고요. 또한 사형수 한 사람을 수용하는데 9급 공무원 연봉보다 많은 비용이 들어가다 보니 국민이 낸 세금으로 흉악범을 먹여 살려야 하느냐는 비난마저 일고 있지요.

　이렇게 큰 비용 부담과 국민들의 비판에도 불구하고 사형을 집행하지 않는 이유는 '인권' 때문이에요. 큰 죄를 지었다고 해도 사람이 사람의 생명권을 박탈하는 것은 **비인도적**인 형벌이라 전 세계적으로 사형 제도를 폐지하자는 추세지요. 또 혹시 모를 잘못된 판결이 나올 수도 있기 때문에 사형을 집행하는 것은 신중해야 할 문제예요. 하지만 헌법 재판소는 두 차례에 걸쳐 사형제의 합헌 결정을 내렸고, 미국과 일본, 싱가포르, 중국 등의 나라에서는 여전히 사형을 집행해요.

- **흉기** 사람을 죽이거나 해치는 데 쓰는 도구
- **징역형** 정해진 기간 동안 교도소 안에 가두는 형벌
- **선고** 재판장이 판결을 알리는 일
- **폐지** 실시해 오던 제도나 법 등을 없앰
- **예방** 사건이 일어나기 전에 미리 대처하여 막는 것
- **비인도적** 사람의 도리에 어긋나는 것

 **기사 깊이 알아보기**

1. 국민들이 사형 제도 부활을 원하는 이유는 무엇인가요?

2. 범죄자의 '인권'을 보호해야 한다고 생각하나요? 자신의 생각을 글로 써 보세요.

나는 범죄자의 인권을 보호하는 데 (찬성 / 반대)한다.

왜냐하면

 **단어 깊이 알아보기**

1. 전염병 ㅇㅂ 를(을) 위해 물은 꼭 끓여서 마신다.

2. 차별적 신분 제도를 ㅍㅈ 하다.

3. 암 ㅅㄱ 를(을) 받자마자 할머니 눈에서 눈물이 툭 떨어졌다.

4. 가위를 휘두르면 ㅎㄱ 가(이) 될 수 있으니 조심해야 한다.

5. 죄 없는 시민을 인질로 삼는 건 ㅂㅇㄷㅈ 인 처사이다.

어떤 주제일까요? ・경제 ・정치 ・사회 ・문화 ・과학 ・국제 ・환경 ・인물

정답 1. 예방 2. 폐지 3. 선고 4. 흉기 5. 사인도적

고요한 택시, 고요한 M

　택시를 탈 때, 핸드폰 **애플리케이션**으로 택시를 **호출**하는 것을 본 적이 있나요? 요즘은 택시를 호출할 때, 내가 어디까지 갈 것인지 미리 등록하기 때문에 기사님에게 어디까지 가는지 따로 말씀드리지 않아도 돼요. 이러한 호출 방식을 활용하여 청각 장애인 기사님과 손님들을 연결해 주는 서비스가 있어요. 바로 '고요한 M'이지요.

　고요한 M은 이름처럼 조용한 서비스를 내세우고 있어요. 청각 장애인 드라이버가 운전하기 때문에 음악도 없고 대화도 없는 고요한 공간에서 편안하게 이동할 수 있어요. 기사님과의 **소통**은 뒷자리에 설치된 태블릿으로 할 수 있고요. 택시를 탔을 때, 기사님이 틀어 놓은 음악을 억지로 들어야 하거나 기사님과 대화를 하는 것이 부담스러운 사람들이 선호할 만한 서비스예요. 최근에는 단순히 고요한 서비스를 넘어 승객이 원하는 음악이나 라디오를 골라서 들을 수 있도록 사용자 **인터페이스**를 업그레이드하기도 했어요.

　고요한 M은 청각 장애인의 일자리 확대에 **기여**한다는 면에서도 큰 의미가 있어요. 이에 고요한 M의 운영사인 코액터스 송민표 대표는 '지속적인 노력으로 승객의 편의도 높이고, 장애인의 일자리 창출을 위한 노력도 계속할 것'이라고 향후 사업 방향에 대한 포부를 밝혔어요.

- **애플리케이션** 스마트폰이나 컴퓨터 등의 운영 체제에서 사용자의 편의를 위해 개발된 응용 프로그램
- **호출** 전화나 전신 따위의 신호로 상대편을 부르는 일
- **소통** 뜻이 서로 통하여 오해가 없음
- **인터페이스** 서로 다른 두 시스템, 장치, 소프트웨어 따위를 서로 이어 주는 부분
- **기여** 도움이 되도록 이바지함

📝 기사 깊이 알아보기

1. 고요한 M의 장점에 대해 이야기해 보아요.

2. 우리나라는 장애인이라 할지라도 차별받지 않고, 자신이 원하는 직업을 얻을 수 있도록 인권을 보장하고 있어요. 성별, 나이, 신체적 조건 등에 관계 없이 모든 사람의 인권이 보장돼야 하는 까닭은 무엇일까요?

💡 단어 깊이 알아보기

단어의 뜻을 올바르게 이어 보아요.

1. 호출 •   • ① 서로 다른 두 시스템을 이어 주는 부분
2. 소통 •   • ② 도움이 되도록 함
3. 기여 •   • ③ 서로 뜻이 통하여 오해가 없도록 함
4. 인터페이스 •   • ④ 전화나 문자 등으로 상대방을 부르는 일

• 경제 • 정치 • 사회 • 문화 • 과학 • 국제 • 환경 • 인물

정답 🖐 1-④ 2-③ 3-② 4-①

세계 최초로 달의 남극에 착륙한 인도

인도의 무인 달 탐사선 찬드라얀 3호가 2023년 8월 23일 12시 33분, 세계 최초로 달 남극에 **착륙**했습니다. 달의 남극에는 물과 얼음이 존재할 가능성이 큰 것으로 알려져 있는데요. 만약 달에 물이 존재한다면 미래에 인류가 거주하거나 화성 유인 **탐사**를 위한 기지를 설립할 수 있을 거라고 전문가들은 전망하고 있습니다. 또한 희토류, 우라늄, 백금, 수은 등의 **희귀 자원**이 풍부할 것으로 알려져 미국을 비롯한 러시아, 중국 등 많은 나라들에서 탐사를 **시도했다**가 실패한 곳이기도 해요.

클린룸의 찬드라얀 3호 통합 모듈

한편 인간이 직접 달에 간 적도 있는데요, 1969년에 아폴로 11호를 탄 미국의 닐 암스트롱이 달에 착륙했습니다. 그 이후 아폴로 17호까지 인류를 달로 보내는 도전은 계속되었으나 **비용** 대비 얻는 것이 거의 없어 아폴로 프로젝트는 중단되었지요. 그러던 2017년, 미국 항공 우주국(NASA)은 달에 사람을 보내는 유인 달 탐사 계획인 '아르테미스 프로그램'을 추진하겠다고 발표했어요. 2025년에 우주 비행사 2명을 달 남극으로 보내 일주일간 탐사 활동을 한 뒤에 돌아오겠다고요. 앞으로 인류의 달 탐사가 얼마나 발전할지 지켜봐야겠습니다.

- **착륙** 비행기 따위가 공중에서 활주로나 판판한 곳에 내림
- **탐사** 알려지지 않은 사물이나 사실 따위를 샅샅이 더듬어 조사함
- **희귀 자원** 드물어서 특이하거나 매우 귀한 자원
- **시도하다** 어떤 것을 이루어 보려고 계획하거나 행동하다
- **비용** 어떤 일을 하는 데 드는 돈

 기사 깊이 알아보기

1. 다음 중 달에 대한 설명이 맞으면 O, 틀리면 X표를 하세요.

① 달은 지구를 도는 하나뿐인 자연 위성이에요. (   )
② 달은 공전 주기와 자전 주기가 같아 지구에서는 늘 달의 앞면만 볼 수 있어요. (   )
③ 세계 최초로 달에 도착한 나라는 인도예요. (   )
④ 달에는 희토류, 우라늄 등의 희귀 자원이 풍부할 것으로 알려져 있어요 (   )

2. 달은 지구 주위를 공전하고, 지구는 태양 주위를 공전해요. 지구처럼 태양을 돌고 있는 행성에는 어떤 것들이 있는지 태양에서 가까운 순서대로 써 보세요.

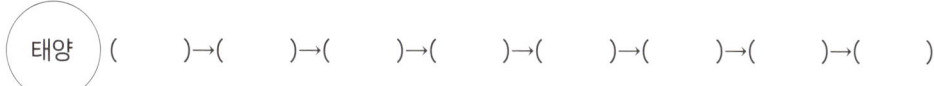

태양 ( )→( )→( )→( )→( )→( )→( )→( )

💡 단어 깊이 알아보기

다음 단어에 대한 뜻풀이를 찾아 바르게 선으로 이어 보세요.

1. 착륙 •
2. 탐사 •

• ① 지금까지 알려지지 않은 사실이나 사물, 장소 등을 샅샅이 더듬고 살펴서 조사하다.
• ② 어떠한 일을 이뤄 보려고 계획하거나 행동하다.
• ③ 비행기나 우주선 따위가 공중에서 활주로 혹은 판판한 곳에서 내려가다.

📝 여기서 잠깐, 상식 노트

'미국 항공 우주국(NASA, National Aeronautics and Space Administration)'은 우주의 계획 및 장기적인 일반 항공 연구 등을 하는 미국의 국가 기관이에요. 1969년 달 착륙에 성공한 '아폴로 계획'도 이곳에서 추진했어요. 본부는 미국의 워싱턴에 있어요.

 어떤 주제일까요? • 경제 • 정치 • 사회 • 문화 • 과학 • 국제 • 환경 • 인물

정답 1. ① O ② O ③ X ④ O / 2. 수성→금성→지구→화성→목성→토성→천왕성→해왕성
단어 1-③ 2-①

다누리가 촬영한 달의 뒷면

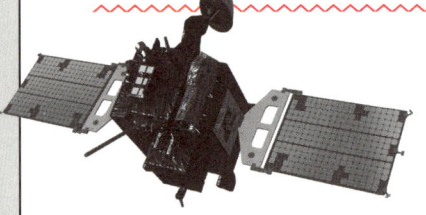

다누리는 2022년 8월 미국에서 발사되어 달 **임무** 궤도에 진입한 우리나라의 달 **궤도선**이에요. 이를 통해 우리나라는 세계에서 7번째로 달 궤도에 탐사선을 투입한 우주 강국으로 도약했지요. 다누리는 달 착륙 후보지를 탐색하고 달 연구를 하는 등의 임무를 수행하고 있어요. 최근에는 다누리가 촬영한 달의 뒷면 사진이 공개되었는데, 사진에는 계곡과 **크레이터** 등 달의 지형이 상세하게 나타났어요. 이로써 다누리의 안정적인 달 관측 및 데이터 **송수신** 능력이 확인된 셈이지요. 뿐만 아니라 우리나라의 달 착륙 후보지를 **고해상**으로 촬영하는 데에도 성공했어요. 이는 향후 달 **지표**의 구성 성분이나 크레이터 내 봉우리 형성 과정 등을 이해하는데 중요한 자료가 될 터인데 우리나라의 우주 과학 기술 발전에도 큰 도움이 되겠지요.

다누리는 하루에 12번씩 달 상공 100킬로미터를 돌며 달의 구석구석을 연구하고 있어요. 1년 동안 달 궤도를 2천 661바퀴 공전하며 2천 장이 넘는 사진을 지구로 보내 주어요. 다누리의 임무 기간은 2025년 12월까지인데, 남은 기간 동안 다누리가 달에 대한 비밀을 풀 수 있도록 많은 정보를 수집하기를 응원해요.

- **임무** 맡은 일
- **궤도선** 일정한 궤도를 따라 운행하는 우주선
- **크레이터** 달의 표면에 보이는 움푹 파인 큰 구덩이 모양의 지형
- **송수신** 신호를 보내는 송신과 신호를 받는 수신을 아울러 일컫는 말
- **고해상** 화면이나 출력물의 선명도가 높음
- **지표** 땅의 겉면

기사 깊이 알아보기

1. 눈으로 달을 관찰할 때, 하루 동안 태양과 달의 위치는 (   )에서 (   )으로 이동합니다.

2. 달은 실제로 모양이 변하지 않아요. 하지만 지구에서 여러 날, 같은 시각에 달을 관찰하면 달의 모양과 위치가 주기적으로 바뀝니다. 우리나라에서 관찰할 수 있는 달 모양을 보고 달의 이름을 맞혀 보아요.

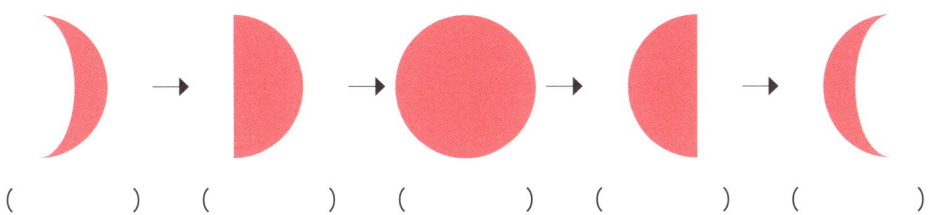

(   )　(   )　(   )　(   )　(   )

 단어 깊이 알아보기

괄호 안에 들어갈 단어를 찾아보아요.

1. 궤도선　　•　　•① 신호를 보내고 받는 일을 모두 뜻함

2. 송수신　　•　　•② 행성, 위성 따위의 표면에 보이는, 움푹 파인 큰 구덩이 모양의 지형

3. 크레이터　•　　•③ 지구의 표면이나 땅의 겉면

4. 지표　　　•　　•④ 달의 궤도를 따라 운행하는 우주선

 ・경제　・정치　・사회　・문화　・과학　・국제　・환경　・인물

정답 1. 동쪽, 서쪽 / 2. 초승달→상현달→보름달→하현달→그믐달
정답 1-④ 2-① 3-② 4-③

유클리드 망원경이 우주로 날아가다

　인간의 과학 기술은 눈부시게 발전했어요. 하지만 아직도 우주는 **미지**의 영역이고 지구는 거대한 태양계 안에 있는 작은 행성일 뿐이지요. 우주가 얼마나 **광활**한지 우리는 짐작조차 하기 어려워요. 심지어 인간이 우주에 대해 알고 있는 것은 5퍼센트도 되지 않아요. 그렇기에 인간은 우주에 대한 호기심으로 연구를 계속하고 있어요.

　우주는 약 70퍼센트의 암흑 에너지와 약 25퍼센트의 암흑 물질로 이루어졌을 것으로 추정해요. 이렇게 우주의 대부분을 차지하는 암흑 에너지와 암흑 물질을 관찰하는 임무를 맡은 '유클리드 망원경'이 지난 7월, 우주로 발사되었어요. 유클리드라는 이름은 **기하학**의 아버지라 불리는 고대 수학자 유클리드에서 따왔어요. 유클리드는 기존 허블 우주 망원경보다 200배 넓은 시야각을 가지고 있어 우주 전반을 넓게 담아 내는 일종의 풍경 카메라 같은 역할을 해 줄 거예요. 우주는 130억 년 전 **빅뱅**으로 탄생한 뒤에 계속 **팽창**하고 있는데, 유클리드를 통해 우주의 구조와 팽창 과정도 살펴볼 수 있겠지요?

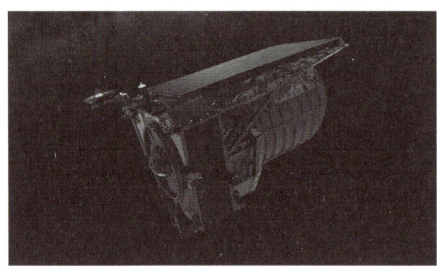

　유클리드는 앞으로 6년쯤 임무를 수행할 예정인데, 유클리드를 발사한 유럽 우주국은 앞으로도 우주에서 수집한 데이터를 공개하겠다고 밝혔어요.

- **미지** 아직 알지 못하는
- **광활** 매우 넓어 막힌데가 없음
- **기하학** 도형 및 공간에 대해 연구하는 학문
- **빅뱅** 100억 년 전에 일어난 것으로 추정되는 우주의 대폭발
- **팽창** 부피가 커짐

기사 깊이 알아보기

1. 우주에 대한 설명을 보기에서 찾아보아요.

| 보기 | 빛 | 별 | 행성 | 태양계 | 빅뱅 |

① 지구는 130억 년 전 (　　　　)으로 탄생한 뒤로 계속해서 팽창하고 있어요.

② 태양은 스스로 빛을 낼 수 있으며 이러한 천체를 (　　　　)이라고 해요.

③ 지구처럼 태양 주위를 도는 천체를 (　　　　)이라고 해요.

④ 태양을 중심으로 태양의 영향을 받는 천체들이 있는 공간을 (　　　　)라고 해요.

2. 지구의 크기를 1이라고 했을 때 태양계 행성의 크기를 비교한 표입니다. 아래 표를 보고 알게 된 점을 이야기해 보아요.

행성	수성	금성	지구	화성	목성	토성	천왕성	해왕성
상대적크기	0.4	0.9	1	0.5	11.2	9.4	4	3.9

단어 깊이 알아보기

밑줄 친 ㉠과 ㉡, ㉢의 뜻과 가장 잘 어울리는 단어를 보기에서 고르세요.

| 보기 | 미지 | 광활 | 팽창 | 빅뱅 | 기하학 |

- 우주 여행은 ㉠<u>인간의 손길이 닿지 않은, 개척되지 않은</u> 곳으로 떠나는 거라 좀 무섭긴 해.
- 하지만 ㉡<u>100억 년 전에 일어난 대폭발</u>로 이뤄진 곳인데, ㉢<u>그 넓고 넓은</u> 우주가 궁금하긴 해요.

㉠: _____　　㉡: _____　　㉢: _____

· 경제　· 정치　· 사회　· 문화　· 과학　· 국제　· 환경　· 인물

정답 ① 빅뱅 ② 별 ③ 행성 ④ 태양계
정답 ㉠ 미지 ㉡ 빅뱅 ㉢ 광활

BTS도 군대 간다! 병역 특례는 누가 받을 수 있을까?

세계적인 인기를 얻으며 케이팝 역사를 새로 쓰고 있는 방탄소년단(BTS)의 군 입대를 두고 정치권에서는 병역 **특례**를 도입해야 한다는 목소리가 나왔습니다. 현행법상 국제 대회에서 우수한 성적을 거둬 국가의 위상을 높인 운동선수나 순수 예술인은 병역을 **면제**해 주고 있는데, BTS에게도 그들과 같은 병역 특례가 적용돼야 한다는 거지요. 특히 BTS의 경제적 효과를 고려할 때, 해외 활동을 하는 것이 국익에 **기여**하는 거라고요. 하지만 **공정**을 중시하는 젊은 층의 반대가 거셌습니다. 병역 의무는 누구에게나 공정해야 한다면서 BTS를 위해 군 면제 기준을 새로 만드는 것은 옳지 않다고요. 유명 가수든 일반인이든 시간은 모두 똑같이 소중해요. 그런데 특정인에게만 특례를 주는 것은 공정성에 위배되고, 이후에도 기준이 **모호해질** 거예요.

찬반 논란이 거세지자 BTS는 자발적 입대를 선택하면서 논란을 잠재웠습니다. 국민의 한 사람으로서 **병역**을 이행하겠다는 것이지요. 그렇다고 병역 특례 논란이 완전히 수그러든 것은 아닙니다. 순수 예술인과 운동선수와 달리 대중 예술인에게 왜 특례를 적용할 수 없느냐는 논쟁이 남아 있기 때문이지요. 한류를 주도하고 한국 관광 수요를 끌어 올리는 공로도 인정해 줘야 한다는 것이죠.

- **특례** 특별한 전례
- **면제** 책임이나 의무 따위를 면하여 줌
- **기여** 도움이 되도록 이바지함
- **공정** 공평하고 올바름
- **모호하다** 흐리터분하여 분명하지 않다
- **병역** 국민으로서 수행해야 하는 국가에 대한 군사적 의무

기사 깊이 알아보기

1. 병역 특례란 무엇인가요?

2. 병역 특례 대상 확대에 대한 나의 의견을 펼쳐 보아요.

나는 병역 특례 대상을 확대하는 것에 (찬성 / 반대)합니다.

왜냐하면

단어 깊이 알아보기

1. 이번 학원 레벨테스트에서 1등을 한 사람은 학원비 ㅁ ㅈ 다!
2. 우리 팀 승리에 결정적인 ㄱ ㅇ 를(을) 한 선수가 MVP로 뽑혔다.
3. 이게 잘못한 건지 잘한 건지 참으로 ㅁ ㅎ 하다.
4. 외국에서 살다 온 학생들을 위한 ㅌ ㄹ 전형이 따로 있다.
5. 입시만큼은 어느 학생에게나 ㄱ ㅈ 한 잣대를 들어야 한다.

어떤 주제일까요? · 경제 · 정치 · 사회 · 문화 · 과학 · 국제 · 환경 · 인물

 정답 1. 면제 2. 기여 3. 모호 4. 특례 5. 공정

챗 GPT로 과제를 대필한 대학생들

학교 숙제를 대신해 주는 인공 지능이 있으면 좋겠다고 생각해 본 적이 있나요. 이런 상상은 벌써 현실이 되었어요. 미국의 스타트업 오픈 AI(Open AI)가 개발한 챗 GPT가 나왔기 때문이지요. 챗 GPT는 누구나 쉽게 사용할 수 있습니다. 오픈 AI 홈페이지에 들어가 묻고 싶은 것을 입력하면 챗 GPT가 금세 대답을 내놓지요. 그동안에도 인터넷을 통해 정보를 검색할 수는 있었지만 챗 GPT는 정보를 정리하여 진짜 사람이 쓴 것 같은 글을 써 줍니다. 이때, 단순한 정보를 나열해 주는 게 아니라 시, 독후감, 자기 소개서 등으로 써 줄 수도 있어요. 또한 보고서 형식으로 써 달라거나 발표용 **스크립트**로 써 달라는 요구까지 들어주기 때문에 정말로 숙제를 대신해 줄 수 있지요.

이러한 기능으로 대학가에서는 챗 GPT를 활용해 과제를 완성하는 게 **유행**처럼 번지고 있어요. 대학생들의 온라인 커뮤니티에는 챗 GPT를 이용하여 단 몇 분 만에 레포트를 작성했다거나, 챗 GPT가 대신 써 준 과제로 높은 학점을 받았다는 후기들이 올라왔지요. 이런 편법이 늘어나자 대학교의 시험 방식에도 변화가 일어나고 있어요. 과제를 제출하는 것이 아닌 강의실에서 시험을 보는 방식과 **구술 평가**를 실시하겠다고요. 일부 대학에서는 챗 GPT 가이드라인을 **제정**하기도 했어요. 하지만 챗 GPT를 금지하는 것은 시대적 흐름에 **역행**하는 것이며, 오히려 적극적으로 사용하게 해야 한다고 주장하는 교수님들도 있어 당분간 대학 현장의 혼란이 계속될 전망이에요.

- **스크립트** 영화나 방송의 대본과 각본 따위의 방송 원고
- **유행** 특정한 행동 양식이 많은 사람의 추종을 받아 널리 퍼짐
- **구술 평가** 말로 하는 평가
- **제정** 제도나 법률을 만들어 정함
- **역행** 반대 방향으로 거슬러 나아감

 **기사 깊이 알아보기**

1. 내가 대학의 교수님이라면 챗GPT를 이용하여 과제를 하는 것을 허락할 것인지, 허락하지 않을 것인지 토론해 보아요.

_____

_____

_____

2. 자신의 의견을 상대가 받아들이도록 하기 위해서는 어떻게 해야 하나요?

• 자신이 옳다고 우기기보다 (　　　　　　　)를(을) 들어 말해야 합니다.

• 자신의 의견을 주장하려고 상대의 (　　　　　　　)를(을) 상하지 않게 합니다.

 **단어 깊이 알아보기**

1. 올해 ㅇ ㅎ 하는 색은 오렌지색이라고 해요.

2. 남녀를 구분하여 차별하는 건 시대를 ㅇ ㅎ 하는 일이지요.

3. 영재 학교 입학을 위해서는 ㄱ ㅅ ㅍ ㄱ 가(이) 필수입니다.

4. 7월 17일 제헌절이 쉬는 날로 ㅈ ㅈ 되었다.

 **어떤 주제일까요?**　　•경제　•정치　•사회　•문화　•과학　•국제　•환경　•인물

정답 1. 유행 2. 역행 3. ѓс 평가 4. 재지정
정답 타당한 근거, 기분

초봄인데 39도라니!

2023년 여름은 1940년에 처음으로 기상 관측을 한 이래 가장 더운 여름이었어요. 지구 온난화로 인한 '엘니뇨'가 발생했기 때문이지요. 엘니뇨는 열대 동태평양 해령의 표면 수온이 몇 년에 한 번 이상 난류가 흐르는 것을 말해요. 엘니뇨가 발생하면 수온이 높아진 바다에서 열이 뿜어져 나와 지구 기온을 더욱 상승시키고 이로 인한 폭염이나 **폭우**, 가뭄 등의 이상 기후가 발생해요. 엘니뇨의 영향으로 우리나라에서는 폭우 피해가 발생했고, 유럽에서도 이례적인 **폭염**이 지속되는 등 기상 이변이 속출했지요. 문제는 엘니뇨 현상이 앞으로는 더욱 심해질 것이라는 거예요.

호주는 초봄부터 기온이 39도까지 올라 공식적으로 엘니뇨를 선언했어요. 호주 기상청이 엘니뇨를 선언한 건 슈퍼 엘니뇨가 발생했던 2015년 이후 8년 만인데, 당시 호주는 기온이 40도까지 치솟았어요. 엘니뇨의 영향은 폭염뿐 아니라 가뭄과 화재 등이 일어날 수 있어 각별한 주의가 필요해요.

엘니뇨로 가장 큰 피해를 보는 분야는 다름 아닌 농업이에요. 높은 온도가 농작물 **작황**에 악영향을 미칠 것으로 전망되는데, 호주는 이미 올해 밀 수확량 예측치를 낮춰 발표했어요. 이러한 현상은 식량 위기를 **가속화**하고 경제에도 큰 영향을 미칠 것으로 전망하고 있어요. 이에 따라 세계 기상 기구는 우리가 대처하는 것보다 기후가 더 빠른 속도로 붕괴하고 있다며 적극적인 대응을 **촉구**하고 있습니다.

- **폭우** 갑자기 세차게 쏟아지는 비
- **폭염** 매우 심한 더위
- **작황** 농작물이 잘되고 못된 상황
- **가속화** 속도를 더하게 됨
- **촉구** 급하게 재촉하여 요구함

 기사 깊이 알아보기

1. 엘니뇨가 발생하면 어떤 문제가 발생하나요?

_____

_____

2. 사람의 활동으로 자연환경이나 생활 환경이 훼손되는 현상을 '환경 오염'이라고 합니다. 환경 오염의 종류에 맞는 예시를 들어 보세요.

대기 오염	
수질 오염	
토양 오염	

단어 깊이 알아보기

1. 40도에 치닫는 ㅍ ㅇ (으)로 열사병에 걸린 사람들이 많다.

2. 갑작스러운 ㅍ ㅇ (으)로 인한 홍수로 이재민이 발생했다.

3. 올해는 벼농사 ㅈ ㅎ 가(이) 좋아 풍년이다.

4. 스마트폰의 보급이 ㄱ ㅅ ㅎ 되면서 어린이들의 시력이 점점 떨어지고 있다.

5. 북한에 핵 실험 중지를 ㅊ ㄱ 하다.

어떤 주제일까요?   • 경제   • 정치   • 사회   • 문화   • 과학   • 국제   • 환경   • 인물

정답: 1. 폭염 2. 폭우 3. 작황 4. 가속화 5. 촉구

161

생물종이 작아지고 인류세가 시작되다

　국제 학술지 《사이언스》에 지구 환경이 바뀌면서 생물종의 몸 크기가 바뀌고 있다는 연구 결과가 실렸어요. 1960년~2020년 사이에 전체 생물 중 3분의 2의 평균 크기가 줄어들었는데, 특히 어류의 몸집이 크게 줄었어요. 물론 인간의 어획량이 크게 늘어난 이유도 있지만, 그보다 어류를 더 위협하는 것은 지구 온난화로 인한 수온 상승이에요. 어류는 몸집이 커질수록 점점 더 많은 산소를 필요로 하는데, 수온이 올라가면서 충분한 산소를 공급받지 못해 몸집이 작아진다는 거예요.

　연구진은 이렇게 생물의 몸 크기가 줄어드는 것은 **인류세**가 이미 시작된 증거라고 했어요. 인류세란 1995년 노벨화학상을 수상한 네덜란드의 대기 화학자 파울 크루첸이 제시한 개념이에요. 인간이 환경을 파괴함으로써 **인위적**인 방식으로 **퇴적층**이 이동하고, 해수면이 상승하고, 빙하와 오존층이 파괴되는 등 **지질학**적 변화가 생긴 시대를 이야기하지요. 현재 인류가 살고 있는 시기는 마지막 **빙하기**가 끝난 신생대 제4기 '홀로세'에 해당해요. 과학자들 사이에서는 홀로세를 끝내고 인류세 진입을 공식화하자는 움직임을 보이고 있어요. 지질학적 변화가 뚜렷하기 때문에 홀로세와 구분돼야 한다는 것이죠. 단, 인류세는 자연적 변화가 아닌 인간이 환경 오염을 일으켜 생긴 지질 시대라는 점을 잊지 말아야 해요.

- **인류세** 인류가 지구 기후와 생태계를 변화시켜 만들어진 새로운 지질 시대
- **인위적** 자연의 힘이 아닌 사람의 힘으로 이루어지는 것
- **퇴적층** 흙이나 암석이 쌓이는 작용으로 생긴 지층
- **지질학** 지구를 이루고 있는 물질과 물질의 형성 과정, 화석 등을 연구하는 학문
- **빙하기** 추위가 계속되는 시기

 **기사 깊이 알아보기**

1. 어류의 몸집이 줄어들고 있는 이유는 무엇인가요?

---

2. 생태계란 어떤 장소에서 서로 영향을 주고받는 생물과 생물 주변의 환경 전체를 말해요. 보기에 주어진 생태계 구성 요소를 생물 요소와 비생물 요소로 나누어 정리해 볼까요.

보기	토끼 빛 식물 물 붕어 흙 왜가리 온도 물 공기 버섯

생물요소	비생물요소

 단어 깊이 알아보기

단어의 뜻을 올바르게 이어 보아요.

1. 인류세 •
2. 인위적 •
3. 퇴적층 •
4. 지질학 •
5. 빙하기 •

• ① 추위가 계속되는 시기
• ② 지구를 이루고 있는 물질과 물질의 형성 과정, 화석 등을 연구하는 학문
• ③ 흙이나 암석이 쌓이는 작용으로 생긴 지층
• ④ 자연의 힘이 아닌 사람의 힘으로 이루어 지는 것
• ⑤ 인류가 지구 기후와 생태계를 변화시켜 만들어진 새로운 지질 시대

 • 경제 • 정치 • 사회 • 문화 • 과학 • 국제 • 환경 • 인물

고급편

우리나라의 경제 발전과 국제 이슈 등 더 넓은 범주의 기사를 주로 다뤘어요. 고급편까지 읽고 나면 과거와 현재, 현재와 미래를 연결하여 이해하는 안목을 기를 수 있어요. 우리나라를 넘어 세계의 경제, 사회를 종합적으로 이해해 보아요.

단돈 천 원으로 무엇을 살 수 있나요?

　여러분, 단돈 천 원으로 무엇을 살 수 있을까요? 예전에는 과자를 두 봉지를 살 수 있을 정도의 돈이었는데, 요즘은 물가가 올라 천 원으로 살 만한 게 줄어들고 있어요. 엎친 데 덮친 격으로 **원자재**값 상승으로 최근에는 음식값도 가파르게 상승했어요. 채소, 과일은 물론이고 라면, 과자 등의 가격도 많이 올라서 국민들의 식비 부담이 커지고 있는 상황이지요. 고금리, 고물가에 **불경기**까지 겹치며 국민들의 삶은 무척 팍팍해졌어요.

　그리하여 정부는 국민들의 물가 부담을 낮추기 위해 기업들에게 상품 가격 인하를 권고했습니다. 특히 국제 밀 가격이 최근 하락했으니 밀가루로 만든 라면, 과자, 빵 등의 가격을 낮추라고요. 정부의 **압박**에 따라 몇몇 기업들은 가격 **인하**를 실시했고, 서민 음식의 대표 격인 신라면과 새우깡의 출고가도 각각 4.5퍼센트와 6.9퍼센트 낮아졌습니다.

　이번 가격 인하는 13년 만이라는 점에서 의미가 있습니다. 그러나 식품업계는 원재료값과 인건비 상승으로 가격을 낮추는 것이 쉽지 않다고 주장합니다. 또한 정부의 과도한 물가 개입은 자유 시장 경제에 반하는 정책이라면서 불만의 목소리가 나오고 있지요. 물가 하락 효과보다 정부의 직접적인 시장 개입으로 **초래**될 부작용이 더 크다면서요. 한편 소비자들은 가격 인하율이 너무 낮아 효과를 체감하기 어렵다면서도 기업의 가격 인하 결정을 반기고 있습니다.

- **원자재** 원료가 되는 기본적인 재료
- **불경기** 경제 활동이 일반적으로 침체되는 상태
- **압박** 강한 힘으로 내리 누름
- **인하** 가격을 낮춤
- **초래** 일의 결과로써 어떤 현상을 생겨나게 함

기사 깊이 알아보기

1. 식품업계가 가격 인하에 반대하는 이유는 무엇인가요? 기사에 나온 내용 외에도 내 생각을 함께 풀어 보아요.

2. 정부가 시장 물가에 과도하게 개입하면 나타나는 부작용에는 어떤 것이 있을까요?

단어 깊이 알아보기

1. 슬라임의 ㅇ ㅈ ㅈ (으)로는 물풀과 식용 색소, 베이킹파우더 등이 있다.
2. ㅂ ㄱ ㄱ 가(이) 이어지다 보니 이번 달부터 내 용돈도 500원이나 깎였다.
3. 골대 앞까지 골을 가져갔건만, 옆 반 준우의 강력한 ㅇ ㅂ 수비로 골인하지 못했다.
4. 엄마에게 거짓말을 하여 휴대 전화 압수라는 치명적인 결과를 ㅊ ㄹ 했다.

어떤 주제일까요?

• 경제 • 정치 • 사회 • 문화 • 과학 • 국제 • 환경 • 인물

정답 1. 원자재 2. 불경기 3. 압박 4. 초래

컴퓨터의 황제, 빌 게이츠

컴퓨터를 접해 본 적이 있다면 '윈도우(windows)'라는 말을 들어 봤을 거예요. 우리가 쓰고 있는 컴퓨터의 대부분은 마이크로소프트(MS)사에서 개발한 운영 체제인 윈도우를 사용하는데, 마이크로소프트사를 **설립**한 사람이 바로 빌 게이츠입니다.

어려서부터 책 읽는 것을 매우 좋아했던 빌 게이츠는 중학교 때부터 컴퓨터 프로그래밍에 심취했어요. 공부도 굉장히 잘해서 하버드대학교 법학과에 진학할 정도였지만, 법보다 컴퓨터에 관심이 많았던 그는 대학을 **휴학**하고 마이크로소프트사를 설립했어요. 그리고 개발한 윈도우가 개인용 컴퓨터 **보급**과 맞물리며 엄청난 성공을 이뤘어요. 애플에서 만든 매킨토시에 비해 다양하고 편리한 응용 프로그램 윈도우는 1990년대 이후 대부분의 컴퓨터에 사용됐어요.

전 세계에서 손꼽히는 부자이면서 기부도 가장 많이 한 빌 게이츠는 2000년에 '빌&멜린다 재단'을 설립했어요. 세계에서 가장 큰 **자선 재단**으로 알려진 이 재단에서는 의료 확대, 빈곤 퇴치, 지구 온난화를 막기 위한 활동 등을 합니다. 또 코로나 치료제 개발에 막대한 자금을 투자했고, **빈곤국**에 백신을 지원하는 등 멋진 행보를 이어 가고 있답니다.

- **설립** 기관이나 조직체 따위를 만들어 일으킴
- **휴학** 일정 기간 동안 학교를 쉬는 일
- **보급** 널리 펴서 많은 사람들이 골고루 누리게 함
- **자선 재단** 다른 사람들을 도와주는 단체
- **빈곤국** 가난하여 살기 어려운 나라

📝 기사 깊이 알아보기

1. 빌 게이츠는 기부를 통해 어떤 활동을 하고 있나요? 기사 내용에서 빌 게이츠의 가치관을 찾아 이야기를 나눠 봐요.

> **tip**
> 가치관은 사람이 어떤 행동이나 일을 선택하고 실천하는 데 바탕이 되는 생각을 말해요. 인물의 행동을 보면 인물이 추구하는 가치를 파악할 수 있어요.

---

2. 빌 게이츠의 행동으로 미루어 볼 때, 그가 추구하는 가치는 무엇일지 생각해 봅시다.

💡 단어 깊이 알아보기

1. 회사 [ㅅ][ㄹ] 이래 최대의 고비가 찾아왔다.
2. [ㅂ][ㄱ][ㄱ] 이었던 대한민국의 경제 발전 속도는 타의 추종을 불허한다.
3. 홍수로 인한 수재민 돕기의 일환으로 생필품 [ㅂ][ㄱ] 가(이) 실시되었다.
4. 지역의 사회 [ㅈ][ㅅ][ㅈ][ㄷ] 에서 크리스마스를 맞아 산타클로스 행사를 진행한다.

 • 경제 • 정치 • 사회 • 문화 • 과학 • 국제 • 환경 • 인물

정답 🔦 1. 설립 2. 후진국 3. 보급 4. 자선 재단

국민의 대표는
우리 손으로 뽑아요

　우리나라는 민주주의 국가예요. 민주주의란 국가의 **주권**이 국민에게 있고, 국민이 주권을 행사하는 **정치** 형태를 말해요. 하지만 모든 국민이 모여서 나라의 일을 의논할 수는 없기 때문에 대표를 뽑아 나라의 일을 맡겨요. 이렇게 나라의 일을 맡아 줄 사람을 뽑는 과정을 선거라고 하지요.

　선거에는 우리나라를 대표하는 대통령을 뽑는 '대통령 선거'가 있어요. 대통령의 **임기**는 5년이기 때문에 5년에 한 번 투표를 해요. 가장 최근에 있었던 대통령 선거는 2022년에 있었던 제 20대 대통령 선거로, 윤석열 대통령이 당선되었어요. 또 나라를 운영하는데 필요한 법을 만드는 국회의원을 선출하는 '국회의원 선거'가 있어요. 국회의원의 임기는 4년으로 대통령보다 짧지만 **재임**이 가능해요. 각 지역을 대표하는 시도지사, 구시군의장 등을 선출하는 '전국 지방 선거'도 있어요. 지방 선거도 국회의원 선거처럼 4년에 한 번 열려요. (다음 선거는 2026년 6월에 있어요.)

　선거는 보통, 평등, 직접, 비밀 선거에 의해 선출돼요. 보통 선거란 일정한 연령만 되면 누구나 선거할 수 있다는 것을 말하고, 평등 선거는 모든 사람이 1표씩 투표할 수 있는 것을 말해요. 직접 선거는 다른 사람이 대신 투표해 줄 수 없고, 선거권자가 직접 투표해야 하는 것을 말해요. 비밀 선거란 누구에게 투표했는지 알 수 없게 하는 제도를 말합니다.

- **주권** 국가의 의사를 최종적으로 결정하는 권력
- **정치** 나라를 다스리는 일
- **임기** 임무를 맡아 보는 일정한 기간
- **재임** 같은 관직에 다시 임명됨

 **기사 깊이 알아보기**

1. 우리 지역을 대표하는 사람은 누구인지 알아보아요.

지역: _____

국회의원: _____

시장(군수): _____

교육감: _____

2. 선거의 4대 원칙에 대해 설명해 보아요.

보통 선거	
평등 선거	
직접 선거	
비밀 선거	

 **단어 깊이 알아보기**

단어의 뜻을 올바르게 이어 보아요.

1. 주권 •   • ① 같은 관직에 다시 임명됨
2. 정치 •   • ② 임무를 맡아 보는 일정한 기간
3. 임기 •   • ③ 나라를 다스리는 일
4. 재임 •   • ④ 국가의 의사를 최종적으로 결정하는 권력

어떤 주제일까요?   • 경제   • 정치   • 사회   • 문화   • 과학   • 국제   • 환경   • 인물

정답 1-④ 2-③ 3-② 4-①

헌법을 공포한 제헌절이 언제인지 알고 있나요?

　7월 17일은 우리나라의 **헌법**이 제정된 것을 기리는 제헌절이자 5대 **국경일** 중의 하나지요. 우리나라의 5대 국경일은 제헌절을 비롯해 일본의 식민 통치에 맞서 독립을 선언한 것을 기리는 삼일절(3월 1일), 우리나라가 일본에게 빼앗겼던 주권을 다시 되찾은 것을 기념하는 광복절(8월 15일), 단군이 고조선을 세운 것을 기리는 개천절(10월 3일), 세종대왕이 훈민정음을 반포한 것을 기념하는 한글날(10월 9일)이 있어요. 다른 국경일은 **공휴일**로 지정되어 달력에 '빨간 날'로 표시되지만, 제헌절은 평일과 똑같아요. 특별한 행사도 없이 지나기 일쑤고요. 물론 2008년에 주 5일로 근무제가 시행되기 전에는 제헌절도 공휴일이었어요. 그러다 주6일에서 주 5일 근로 시간이 바뀌는데 공휴일까지 그대로 남긴다면 노동 생산성을 떨어뜨린다면서 제헌절이 공휴일에서 제외되었지요.

　최근에는 제헌절을 공휴일로 지정하자는 의견이 속속 나오고 있어요. 우리나라 **노동 시간**이 전 세계적으로 손에 꼽을 정도로 길고, 제헌절을 공휴일로 지정해야 사람들이 제헌절의 의미를 잊지 않고 기억할 수 있다고요. 그러나 공휴일이 아니어도 태극기를 달고 제헌절의 의미를 기념할 방법은 많다는 입장도 있어요. 되레 공휴일로 지정하면 휴일에도 어쩔 수 없이 일해야 하는 사람들에게 **상대적 박탈감**을 느끼게 할 뿐이라면서요.

- **헌법** 국가 통치를 위한 근본이 되는 법
- **국경일** 나라의 경사를 기념하기 위해 법률로 정한 경축일
- **공휴일** 국가나 사회에서 정하여 다 함께 쉬는 날
- **노동 시간** 일을 하는 시간
- **상대적 박탈감** 다른 대상과 비교하여 자신에게 있어야 할 것을 빼앗긴 듯한 느낌

 **기사 깊이 알아보기**

1. 우리나라의 5대 국경일을 알고 있나요?

---

2. 다음은 헌법에 명시된 우리나라 민주 정치의 원리를 설명하는 글입니다. 알맞은 단어를 보기에서 찾아보세요.

| 보기 | 입헌주의   국민 자치   권력 분립   국민 주권 |

① 대한민국의 모든 주권은 국민에게 있고, 모든 권력은 국민으로부터 나온다.	
② 국가의 권력을 국회, 행정부 법원이 나누어 맡는다.	
③ 국민이 스스로 국가를 다스린다.	
④ 헌법에 따라 국가 기관을 구성하고 국가를 운영한다.	

단어 깊이 알아보기

1. ㄱㄱㅇ 에는 집집마다 태극기를 단다.
2. 도서관 ㄱㅎㅇ 는(은) 대체로 매주 월요일이다.
3. 국민이라면 ㅎㅂ 를(을) 지켜야 할 의무가 있다.
4. 엄마의 ㄴㄷㅅㄱ 는(은) 끝이 없다.
5. 장난감이나 인형이 많은 친구들을 보면 ㅅㄷㅈㅂㅌㄱ 를(을) 느낀다.

 **어떤 주제일까요?**   • 경제   • 정치   • 사회   • 문화   • 과학   • 국제   • 환경   • 인물

서울이 외국의 영화나 드라마에 나온다고요?

전 세계적으로 케이팝과 한국 드라마가 큰 인기를 끌고 있는 가운데, 서울이 해외 영화나 드라마의 촬영 장소로도 **각광**을 받고 있어요. 최근 서울에서 찍은 미국 넷플릭스 시리즈 「엑스오」와 「키티」가 90개 국에서 톱 10위에 진입하는 등 흥행에 성공하기도 했지요. 이 작품에는 명동, 남산 서울 타워, 북촌 한옥 마을 등 서울의 **명소**들이 등장해요. 서울시에 따르면 서울을 배경으로 영화나 드라마를 제작하고 싶어하는 해외 작품들이 의뢰가 늘어나고 있다고 해요. 2023년 상반기에도 300편이 넘는 영화와 드라마가 서울을 배경으로 제작되었지요.

이렇게 서울시가 영화나 드라마의 배경이 되면서 경제 효과에도 큰 영향을 미치고 있어요. 우리나라에서 촬영이 이루어지면서 촬영 보조자 등 다양한 인력이 고용되고, 외국의 촬영진이 한국에 **체류**하면서 **소비**를 촉진하여 다양한 부가가치를 발생하고 있어요. 또한 장기적으로 작품 속에 매력적인 서울의 모습이 담기면서 한국과 서울에 대한 호감도가 높아져 관광객이 증가할 것으로 기대해요. 서울시에서는 이러한 현상이 지속될 수 있도록 서울의 매력을 드러낼 수 있는 촬영 장소를 발굴하고, 영향력 있는 작품을 **유치하는** 등 콘텐츠 창작 지원을 확대해 나갈 방침이라고 밝혔어요.

- **각광** 사회적 관심이나 흥미
- **명소** 널리 알려진 장소
- **체류** 타지에 가서 머무르는 것
- **소비** 생활에 필요한 각종 물건이나 서비스를 구매하는 일
- **유치하다** 행사나 사업을 이끌어 들이다

 **기사 깊이 알아보기**

1. 기사를 읽고 서울에서 영화나 드라마를 촬영할 때 기대되는 효과를 적어 보세요.

2. 최근에 내가 본 영화나 드라마 중 한 가지를 소개해 보세요.

제목	
주인공	
내용	
추천하는 이유	

 **단어 깊이 알아보기**

1. BTS는 세계 속에서 ㅇ ㅇ 받는 아이돌로 우뚝 섰다.

2. 제주도는 우리나라의 대표적인 관광 ㅁ ㅅ 이다.

3. 요즘 들어 장난감을 사기 위한 용돈 ㅅ ㅂ 가(이) 늘어났다.

4. 삼촌은 뉴욕에 ㅊ ㄹ 중이다.

어떤 주제일까요? • 경제 • 정치 • 사회 • 문화 • 과학 • 국제 • 환경 • 인물

정답 1. 인정 2. 명소 3. 수요 4. 체류

매 vs 비둘기, 당신의 선택은?

은행에 돈을 입금하면 '이자'가 붙는다는 사실 알고 있었나요? 이자란 내가 돈을 빌려 준 대가로 빌려 준 돈의 일정 비율을 받는 것을 말해요. 은행에 돈을 입금하면 돈을 은행에 빌려 준 것이니 이자를 받는 것이지요. 반대로 은행에서 돈을 빌리는 경우에는 은행에 이자를 내야 해요. 이때 내는 이자의 비율을 '금리'라고 해요.

금리가 오르면 같은 돈을 빌려도 많은 이자를 갚아야 하기 때문에 돈을 빌리는 것이 부담스러워요. 따라서 은행에 돈을 빌려 사업을 하거나 집을 사는 것이 어려워지지요. 반면 금리를 내리면 이자도 낮아지기 때문에 **대출**이 활발해집니다. 하지만 금리가 낮아지면 너도나도 할 것 없이 돈을 빌리면서 시중에 많은 돈이 **유통**되고, 물가가 오른다는 문제점이 있어요. 그러므로 '적절한 금리'를 유지하는 것이 중요한데, 적절한 금리라는 것은 사람마다 생각이 다를 수 있어요.

금리를 올려 물가를 **안정**시켜야 한다고 주장하는 사람을 '매파'라고 해요. 시장이 **위축**되더라도 **단호하게** 물가의 안정을 추구하는 사람들을 '매서운 매'로 에둘러 말하는 거예요. 반대로 금리를 내려 경제 활동이 활발하게 하는 것을 주장하는 사람들은 '비둘기파'라고 합니다.

- **대출** 돈이나 물건을 빌려주거나 빌림
- **유통** 화폐나 물품이 세상에 널리 쓰임
- **안정** 일정한 상태를 유지함
- **위축** 어떤 힘에 눌려 졸아들고 기를 펴지 못함
- **단호하다** 결심이나 태도, 입장이 엄격하다

기사 깊이 알아보기

1. 금리가 오르면 왜 집을 사기가 어려워지는지 설명해 보세요.

_____

_____

_____

2. 매파와 비둘기파의 차이점은 무엇인가요?

_____

_____

_____

단어 깊이 알아보기

1. 선생님께서 ㄷ ㅎ 한 표정으로 친구들끼리 싸워서는 안 된다고 하셨다.

2. 엄마에게 게임기를 압수당한 형이 많이 ㅇ ㅊ 되었다.

3. 농산물은 쉽게 썩거나 상해서 저장이나 ㅇ ㅌ 에 어려움이 크다.

4. 예방 접종을 맞기 전에 울고 불던 동생이 사탕을 하나 물고는 크게 ㅇ ㅈ 되었다.

5. 도서관에서 도서 ㄷ ㅊ 를(을) 하기 위해서는 도서 카드가 꼭 필요하다.

어떤 주제일까요?

• 경제   • 정치   • 사회   • 문화   • 과학   • 국제   • 환경   • 인물

 정답: 1. 단호 2. 의출 3. 유통 4. 안정 5. 대출

천국의 김밥이 지옥의 김밥으로 변한 이유는?

    간편하게 식사를 하기 위해 많이 사 먹는 김밥 한 줄에 얼마인지 알고 있나요? 한국 소비자원의 조사에 따르면 2018년 평균 약 2,200원이던 김밥 한 줄의 가격이 2023년 약 3,200원으로 40퍼센트 이상 상승했다고 해요. 김밥뿐 아니라 '**서민** 음식'으로 대표되는 짜장면, 냉면, 삼계탕 등 주요 먹거리들의 가격 상승폭 역시 매우 높아요. 짜장면도 5년 만에 40퍼센트가 넘게 올랐고, 칼국수, 김치찌개 등도 30퍼센트 이상 가격이 오른 것으로 조사되었어요. 5년 동안 전체 물가가 약 12퍼센트 오른 것을 **감안하면** 음식 가격이 특히 높게 상승한 것이지요.

    이러한 외식 물가의 상승은 당분간 계속 이어질 전망이에요. 우크라이나와 러시아의 전쟁이 **장기화**되면서 밀가루 등의 곡물 가격이 오르고, 이상 기후로 인해 채소값이 상승하면서 식재료 가격이 오르고 있으니까요. 김밥처럼 다양한 재료가 들어가는 음식일수록 가격은 더 크게 상승할 수밖에 없어요. 게다가 최저 임금이 오르고, 금리 인상으로 가게 **임대료**까지 오르면서 물가는 가파르게 상승하고 있어요. 이제 만 원짜리 지폐 한 장으로는 먹을 수 있는 메뉴가 많지 않아요. '**가성비**'의 상징이었던 편의점 먹거리마저 줄줄이 인상되면서 서민들의 주머니 사정은 더욱 어려워졌어요. 이러다 5년 뒤에는 김밥 한 줄에 만 원이 되는 시대가 오는 게 아니냐는 우려의 목소리가 커지고 있습니다.

- **서민** 신분적 특권이나 경제적 여유를 갖지 못한 일반 사람
- **감안하다** 여러 사정을 참고하여 생각하다
- **장기화** 일이 빨리 끝나지 않고 오래 끌어짐
- **임대료** 남에게 물건이나 건물을 빌려준 대가로 받는 돈
- **가성비** '가격 대비 성능의 비율'을 줄여 부르는 말

기사 깊이 알아보기

1. 기사에서 최근 물가가 오르고 있는 이유를 3가지 이상 적어 보세요.

---

2. 물가가 오르면 나쁜 점은 무엇일까요?

단어 깊이 알아보기

1. 선생님께서 내가 감기에 걸린 것을 ㄱ ㅇ 해서 숙제를 줄여 주셨다.
2. 물가가 오르니 ㅅ ㅁ 의 생활은 날로 쪼들린다.
3. 콜팝은 콜라와 팝콘 치킨을 한꺼번에 먹을 수 있으니 ㄱ ㅅ ㅂ 가(이) 좋아.
4. 동네에 ㅇ ㄷ ㄹ 가(이) 올라서 내가 좋아하던 치킨집이 문을 닫았어.
5. 의사 선생님이 수면 부족이 ㅈ ㄱ ㅎ 되면 키가 안 큰다고 하셨어.

 • 경제 • 정치 • 사회 • 문화 • 과학 • 국제 • 환경 • 인물

정답 1. 경제 2. 사임 3. 가성비 4. 임대료 5. 장기화

일본 돈의 가치가 흔들흔들, 일본으로 여행을 떠나요!

　우리나라 돈을 다른 나라 돈으로 바꿔 본 적이 있나요? 각 나라에서는 서로 다른 단위의 돈을 쓰고 있어요. 이렇게 한 나라의 화폐와 외국의 화폐를 교환하는 비율을 '**환율**'이라고 해요.

　최근 일본의 화폐인 엔화가 큰 이슈로 떠오르고 있어요. 금융권에 따르면 2020년에는 100엔당 환율이 1,190원에 이르렀는데, 2023년 현재 100엔당 800원 대까지 낮아졌다가 900원 안팎에서 오르내리고 있어요. 다시 말해 2020년에는 100엔을 사려면 한국돈 1,190원이 필요했는데 요즘에는 900원이면 살 수 있다는 뜻이에요.

　엔화의 환율이 떨어지자 일본으로 여행을 가는 사람도 **급증**했어요. 엔화 가치가 하락한 만큼 여행 비용이 **저렴**해졌기 때문이지요. 온라인 쇼핑으로 일본 현지에서 파는 물건을 사는 사람도 뚜렷하게 증가하고 있어요. 통계청 자료를 보면 일본의 온라인 **직구**액은 1년 전보다 13.5퍼센트 2년전보다 48.5퍼센트나 증가했다고 해요. 투자에 관심이 많은 사람들은 여유 자금으로 저렴해진 엔화를 사들여 예금하고 있어요. 엔화가 쌀 때 한국 돈을 엔화로 바꾸어 예금해 두었다가 나중에 엔화의 가치가 오르면 **환차익**을 얻으려는 것이지요.

　엔화 가치가 추락하면서 일본 내에서는 우려의 목소리가 나오고 있어요. 화폐 가치가 떨어지면 수출을 할 때에는 유리할지 몰라도 수입할 때에는 가격이 올라 부담이 되기 때문이에요.

- **환율** 자기 나라 돈과 다른 나라 돈의 교환 비율
- **급증** 갑작스럽게 늘어남
- **저렴** 물건의 값이 싸다
- **직구** 직접 구매하는 것, 보통 온라인으로 외국 물건을 직접 주문하는 것을 말함
- **환차익** 환율의 변동으로 인하여 발생하는 이익

 **기사 깊이 알아보기**

1. 오늘자 환율을 알아볼까요.

미국(USD) 환율: _____ 일본(JPY) 환율: _____

2. 다음 중 우리나라 원화 환율이 떨어지면 좋아할 사람은 누구인지 O표시 해 보세요.

수출하는 사람 / 수입하는 사람 / 우리나라로 여행 오는 사람 / 다른 나라로 여행 가는 사람

 **단어 깊이 알아보기**

밑줄 친 ㉠과 ㉡, ㉢의 뜻과 가장 잘 어울리는 단어를 보기에서 고르세요.

| 보기 | 환율 | 직구 | 환차익 | 급증 | 화폐 가치 |

- 요즘 들어 엔화가 이전에 비해 200원이나 떨어지자 사람들이 ㉠<u>일본 사이트에서 물건을 득템하는 일</u>이 빈번해졌다는구나.
- 엔화가 200원이나 떨어졌다니, ㉡<u>한국의 원이 일본의 엔보다 더 비싸졌다는 말</u>인가요?
- 흠, 그렇게 해석할 수도 있겠지만, 이전에는 ㉢<u>1000원으로 100엔을 바꿀 수 있었다면 지금은 100엔을 800원으로 바꿀 수 있게 됐다</u>는 말이야. 상황이 이렇다 보니 전보다 200원이나 더 싸게 바꿀 수 있다는 거지.

㉠: _____ ㉡: _____ ㉢: _____

 **어떤 주제일까요?**   • 경제   • 정치   • 사회   • 문화   • 과학   • 국제   • 환경   • 인물

정답 ㉠ 직구 ㉡ 화폐 가치 ㉢ 환율
정답 수출하는 사람, 우리나라로 여행 오는 사람

거북선을 만든 이순신의 후예, 조선업 슈퍼 사이클 온다

1990년대부터 우리나라는 배를 만드는 조선업 분야에서 세계 1위를 차지하고 있어요. 조선업은 반도체와 더불어 우리나라를 먹여 살리는 '효자 산업'이지요. 하지만 2010년대 이후 전 세계적으로 조선업이 장기 불황의 늪에 빠졌는데, 최근 다시 조선업이 슈퍼사이클(초호황)에 진입할 것이라는 예측이 나오고 있어요. 글로벌 조선업이 회복되어 환경 규제가 강화되면서 친환경 선박으로 교체하는 신규 **발주량**이 늘었기 때문이에요.

국제 해사 기구(IMO)는 2030년 이후 발주하는 선박은 2008년 대비 탄소 배출량은 40퍼센트 **감축**하도록 규제하고 있어요. 국내 조선사들은 이미 친환경 선박을 **선도**하고 있었으니 친환경 선박 수요가 늘어나는 것은 좋은 소식이지요. 현재 친환경 선박의 대표인 액화 천연가스(LNG) 운반선은 한국 조선사가 전 세계 발주량의 80퍼센트 이상을 차지하고 있을 정도로 압도적이에요. 전문가들은 한국의 LNG선 기술이 조선업 2위인 중국보다 7년 이상 앞서가고 있다고 평가하고 있어요.

조선업 슈퍼사이클이 오면 우리나라 경제에도 큰 도움이 될 거에요. 조선업체들은 인력을 **충원**하면서 늘어나는 발주량에 대비하고 있고, 세계 1위 자리를 지키기 위해 투자도 확대하고 있답니다.

- **발주량** 물건을 주문한 양
- **감축** 덜어서 줄임
- **선도** 앞장서서 이끌거나 안내함
- **충원** 인원수를 채움

기사 깊이 알아보기

1. 친환경 선박 수요가 늘어나는 것이 우리나라 조선업에 이득인 이유는 무엇인가요?

---

2. 알맞은 배의 종류를 찾아 선으로 연결해 보세요.

① 바다에 떠 있는 얼음을 깨뜨리며 항해하는 선박으로, 북극해와 같이 얼음이 많은 바다를 지나갈 때 쓰여요.

② 곡물, 석탄, 시멘트 등을 실어 나르는 화물선이에요. 많은 양의 화물을 실어 나르기 때문에 '대량'이라는 뜻을 가진 '벌크'라는 이름이 붙지요.

③ 화물을 대량으로 수송하는데 쓰는 커다란 상자인 컨테이너를 실어 나르는 배에요. 많은 짐을 안전하게 운반할 수 있다는 장점이 있지요.

④ 내부에 휘발유나 석유를 넣을 수 있는 큰 탱크가 있어 석유를 실어 나르는 배예요.

⑤ 우리나라가 가장 잘 만드는 배로 액화 천연가스를 운반하는 배예요. 낮은 온도와 높은 압력을 유지해야 해서 높은 기술력이 필요한 배예요.

- LNG선
- 벌크선
- 유조선
- 컨테이너선
- 쇄빙선

여기서 잠깐, 상식 노트

'국제 해사 기구(IMO, International Maritime Organization)'는 전 세계의 항로 교통 규칙과 항만 시설의 국제적 통일을 위해 설립된 기구예요. 해상 안전을 위해 협의하고 해상 오염 방지를 위한 규제 기준을 채택하는 일 등을 해요.

어떤 주제일까요? · 경제 · 정치 · 사회 · 문화 · 과학 · 국제 · 환경 · 인물

정답: ① 쇄빙선 - ② 벌크선 - ③ 컨테이너선 - ④ 유조선 - ⑤ LNG선

수수하면서도 귀티나게, 올드머니룩이 뜬다

　몇 년 전까지 부를 과시하는 '플렉스(FLEX)'가 유행하면서 명품의 로고가 크게 들어가는 디자인이 유행했어요. 하지만 최근에는 자신의 부를 **노골적**으로 드러내지 않으면서 고급스러움을 추구하는 '올드머니룩'이 유행하고 있어요. 올드머니란 집안 대대로 부를 유지해 온 **상류층**을 뜻하는 단어로, 갑자기 돈을 벌어 부자가 된 사람들과 반대되는 단어로 쓰여요. 따라서 올드머니룩은 오랜 기간 부를 유지해 온 사람들의 패션을 말해요.

　올드머니룩은 유행을 타지 않는 디자인, 질 좋은 소재, 로고가 드러나지 않는 특징이 있어요. 비싼 브랜드임에도 대놓고 **과시**하지 않으면서 수수하면서도 우아하고, 기품이 있는 분위기를 연출하는 것이 핵심이지요. 멀리서 보면 평범한 옷처럼 보이지만 가까이에서 보면 실크, 캐시미어, 양가죽 등 고가의 소재에서 오는 고급스러운 분위기가 느껴져요. 브랜드 로고도 보이지 않는 곳에 위치하여 '아는 사람만 알아보는' 디자인을 선호하지요.

　이러한 올드머니룩이 유행하게 된 배경에는 경기 침체와 부의 **양극화**에 있다는 의견이 지배적이에요. 경기는 더 어려워지는데 일부 신흥 부자들이 자신의 부를 과시하는 것에 대한 **반감**으로, 자신의 부를 드러내지 않는 오래된 부자들의 스타일이 **선망**의 대상이 되었다는 것이지요.

- **노골적** 숨김없이 있는 그대로 드러내는 것
- **상류층** 신분이나 생활 수준 따위가 높은 계층
- **과시** 자랑하여 보임
- **양극화** 서로 점점 더 달라지고 멀어지다
- **반감** 반대하는 감정　　• **선망** 부러워하여 바람

기사 깊이 알아보기

1. '올드머니룩'의 특징은 무엇인가요?

___

___

2. 다음은 우리나라의 경제 성장 과정에서 나타난 문제점들이에요. 이중 '올드머니룩'의 유행 배경과 관계가 깊은 문제를 찾고, 이를 해결하기 위한 방법을 적어 보세요.

| 환경 문제 | 지역 격차 | 빈부 격차 | 노사 갈등 |

___

___

___

단어 깊이 알아보기

1. 철민이에게 좋아하는 마음을 ㄴ ㄱ ㅈ (으)로 드러냈다.
2. 아이돌은 방송 댄스를 배우는 아이들에게 ㅅ ㅁ 의 대상이다.
3. 상대방이 쓸데없는 ㅂ ㄱ 를(을) 살 만한 행동을 삼가한다.
4. 포켓몬 카드를 내밀며 온갖 ㄱ ㅅ 를(을) 하더니 카드 가방을 잃어버렸대.
5. '빈익빈 부익부'란 말을 들어본 적이 있어? 가난한 사람은 더 가난해지고, 재산이 많은 사람은 더 큰 부자가 된다는 말이야. 다시 말해 소득의 ㅇ ㄱ ㅎ 를(을) 뜻하는 거지.

• 경제 • 정치 • 사회 • 문화 • 과학 • 국제 • 환경 • 인물

정답 1. 느그지 2. 선망 3. 반감 4. 과시 5. 양극화

인도에 가뭄이 들면 탕후루 가격이 오른다?

신선한 과일에 달콤한 설탕 옷을 입힌 탕후루를 먹어 본 적이 있나요? 탕후루의 인기가 높아짐에 따라 **자영업자** 온라인 커뮤니티에서는 탕후루의 주재료인 설탕을 미리 사 놔야 한다는 글들이 속속 올라오고 있어요. 세계 주요 설탕 수출국인 인도에서 설탕 수출을 금지한다는 소식에, 국제 설탕 가격이 오를 것을 우려한 자영업자들이 설탕을 미리 사 두려는 거예요.

인도가 설탕 수출을 금지하려는 이유는 설탕의 원료인 사탕수수를 재배하는 지역에 **가뭄**이 들었기 때문이에요. 인도의 일부 지역에서는 올해 극심한 가뭄이 들어 강우량이 평년의 절반 수준밖에 되지 않는 심각한 상황이 이어졌어요.

소금, 설탕 등 일상생활에 꼭 필요한 주요 식료품값이 들썩이면서 물가 상승에 대한 불안감이 커지고 있어요. 특히 설탕이 많이 들어가는 빵, 과자, 음료 등의 **공산품** 가격이 대폭 오르는 '슈거플레이션(설탕을 뜻하는 '슈거(sugar)'와 물가 상승을 나타내는 '인플레이션'의 합성어)'에 대한 공포는 이미 시작됐고요. 유엔 식량 농업 기구(FAO)에서는 이상 기후로 인한 식량 위기로 **물가**가 7퍼센트 이상 상승할 수 있다고 경고했어요. 국제 물가가 오르면 쌀을 제외한 대부분의 곡물을 해외에서 수입하고, 식량의 많은 부분을 수입에 의존하는 우리나라는 물가가 치솟을 가능성이 매우 높아요. 이처럼 환경 문제는 경제와 사회에도 큰 영향을 끼친답니다.

- **자영업자** 자신의 혼자 힘으로 경영하는 사업자
- **가뭄** 오랫동안 계속하여 비가 내리지 않아 메마른 날씨
- **공산품** 원료를 인력이나 기계력으로 가공하여 만들어 내는 물품
- **물가** 물건의 값

기사 깊이 알아보기

1. '슈거 플레이션'이란 무엇인가요?

---

2. 우리나라는 다른 나라와 경제 교류를 통해 경제적 도움을 주고받는 상호 의존 관계에 있어요. 국가 간 경제 교류의 예를 적어 보세요.

> **tip** <나라 간에 경제 교류를 하는 까닭은?>
> 나라마다 자연환경, 자원, 기술 등에 차이가 있기 때문입니다.

단어 깊이 알아보기

1. 인건비가 오르면 ㅈ ㅇ ㅇ ㅈ 들은 직원을 늘리기 어려워진다.

2. 밀가루 가격이 오르자 과자 ㅁ ㄱ 의 상승률이 상상을 초월한다.

3. 땅이 쩍쩍 갈라지는 ㄱ ㅁ (으)로 야채와 과일의 씨가 말랐다.

4. 농산품은 ㄱ ㅅ ㅍ 과(와) 달리 유통 기한이 짧다.

어떤 주제일까요? • 경제 • 정치 • 사회 • 문화 • 과학 • 국제 • 환경 • 인물

정답: 1. 자영업자 2. 물가 3. 가뭄 4. 공산품

IMF의 구제 금융 지원을 받으면 어떻게 되나요?

　국제 통화 기금(IMF)이 최근 경제난에 빠진 파키스탄에게 30억 달러 규모(약 3조 8천억 원)의 **구제** 금융 지원을 승인했어요. 파키스탄은 최근 역사적인 대홍수와 우크라이나 전쟁에 따른 원자재값 상승 **여파**로 **외환 보유고**가 바닥을 보이며 경제적으로 큰 어려움을 겪고 있어요. 가뜩이나 경제 상황이 어려운데, 전기 요금 인상에 반대하는 시위가 일어나는 등 사회적으로도 불안정한 상황이 이어지고 있지요.

　우리나라도 IMF의 구제 금융을 받았던 뼈아픈 기억이 있어요. 1997년 기업이 **연쇄적**으로 도산하면서 외환 보유고가 바닥나 **국가 부도** 위기에 처해 IMF에 구제 금융을 요청했어요. 이후 한국 경제는 IMF가 요구하는 경제 체제를 수용하고 대대적인 경제 구조 조정을 단행했어요. 그 과정에서 많은 사람이 해고되고 경기가 악화되면서 온 국민이 큰 어려움을 겪었지요. 하지만 우리나라 국민들은 낙담하지 않았어요. 함께 어려움을 극복하고 위기에 빠진 나라를 구할 궁리를 했지요. 그중에는 시민들이 자발적으로 소유하고 있던 금을 기부하여 227톤의 금이 모아 세계적으로 큰 이슈가 되기도 했어요. 이러한 금 모으기 운동을 비롯한 각계각층의 노력으로 우리나라는 2001년 국제 통화 기금의 금융 지원을 모두 **상환**했어요.

- **구제** 어려운 처지에 있는 사람을 도와줌
- **여파** 어떤 일이 끝난 뒤에 남아 미치는 영향
- **외환 보유고** 한 나라가 대외 지급에 대비하여 보유하고 있는 외환 채권의 총액
- **연쇄적** 서로 연결되어 관련이 있는 것
- **국가 부도** 국가가 자신의 채무를 상환하지 못하게 되는 사태
- **상환** 갚거나 돌려줌

기사 깊이 알아보기

1. 우리나라는 모든 국민들의 노력으로 IMF 위기를 빠르게 벗어날 수 있었어요. 우리나라의 역사 속에서 국민(백성)들이 힘을 합쳐 위기를 극복한 사례를 한 가지 골라 적어 보세요.

_____

_____

2. 경제 위기가 다시 오지 않게 하기 위해 우리가 할 수 있는 노력에는 무엇이 있을까요?

_____

_____

단어 깊이 알아보기

예문의 초성을 참고하여 괄호 안에 알맞은 낱말을 써 보아요.

1. (　　　　　): 어떤 일이 끝난 뒤에 남아 미치는 영향

   예문: 오전에 놀이터 정글짐에서 사고가 난 (ㅇㅍ)(으)로 아이들이 수업에 집중을 못 한다.

2. (　　　　　): 갚거나 돌려줌

   예문: 은행에서 빌린 자금을 (ㅅㅎ)하다.

3. (　　　　　): 서로 연결되어 관련 있는 것이 연달아

   예문: 교통사고가 (ㅇㅅㅈ)(으)로 일어났다.

여기서 잠깐, 상식 노트

'국제 통화 기금(IMF)'은 세계 경제의 안정과 균형을 유지하고 회원국들의 경제적 협력과 발전을 위해 설립된 국제기구예요. 주요 기능과 역할은 회원국들의 경제 안정과 발전을 지원하여 국제 경제의 안정성을 강화하는 것이지요.

어떤 주제일까요?

• 경제　• 정치　• 사회　• 문화　• 과학　• 국제　• 환경　• 인물

정답: 1. 여파 2. 상환 3. 연쇄적

이봐, 해 봤어?
현대그룹 창업자 정주영

2023년 우리나라에서 가장 많이 팔린 차는 무엇일까요? 바로 '그랜저'예요. 가장 많이 팔린 전기차는 '아이오닉5'이고요. 두 차량의 공통점은 바로 현대자동차에서 만들었다는 거예요. 현대자동차는 한국 최초로 승용차를 만든 회사예요. 1970년대까지 우리나라는 자동차를 만들 기술이 없어 미국 자동차 회사의 부품을 들여와 **조립**만 하는 수준이었지요. 하지만 현대자동차의 창업주 정주영 회장은 우리나라만의 **독자적**인 자동차 기술을 연구하여 한국 최초의 승용차 '포니'를 만들었어요.

일본의 식민 지배를 받던 1915년에 태어난 정주영 회장은 가난한 탓에 소학교(현재의 초등학교)밖에 다니지 못했어요. 6.25 전쟁으로 피난을 갔던 부산에서는 미군 부대 공사를 해야 했는데, 이때 건설 공사의 기술을 배워 우리나라 최고의 건설 회사인 '현대건설'을 세웠어요. 또한 현대중공업을 세계 최대의 **조선사**로 키워 나가며 우리나라 주요 산업을 **경공업**에서 **중공업**으로 변화시키는데 기여했지요. 정주영 회장은 다방면에서 뛰어난 업적을 남기며 우리 경제에 큰 획을 그었어요.

정주영 회장이 평소에 자주 했던 말은 '이봐, 해 봤어?'였어요. 해 보기도 전에 포기하지 말고 일단 도전해 보라는 것이지요. 불가능해 보이는 꿈도 강력한 추진력으로 해내는 정주영 회장의 기업가 정신은 많은 사람들에게 **귀감**이 되고 있어요.

- **조립** 여러 부품을 하나의 구조물로 짜 맞춤
- **독자적** 남에게 기대지 않고 혼자서 하는 것
- **조선사** 배를 만드는 회사
- **경공업** 무게가 가벼운 생산품을 생산하는 공업
- **중공업** 무게가 많이 나가는 물건을 만드는 공업으로 기계, 조선, 자동차 등을 만드는 공업
- **귀감** 거울로 삼아 본받을 만한 모범

 기사 깊이 알아보기

1. 정주영 회장이 평소에 자주 했던 말은 무엇이며, 그 말의 뜻은 무엇인가요?

2. 우리나라 경제의 발달 과정을 순서에 맞게 나열해 보세요.

(가) 신발, 가발, 섬유 등과 같은 경공업을 기반으로 한 제품들을 만들어 수출했어요.

(나) 농업을 중심으로 농림어업에 종사하는 사람들이 대부분이었어요.

(다) 과학 기술이 발달하며 첨단 산업 중심의 경제 성장을 이루었어요.

(라) 철강, 조선, 석유 화학 등의 중화학 공업 중심의 경제 체제로 발전해 갔어요.

(   ) → (   ) → (   ) → (   )

 단어 깊이 알아보기

다음의 업종에서 만드는 상품을 알아보아요.

1. 조선업 •   • ① 가발, 운동화, 옷

2. 경공업 •   • ② 기계, 금속, 자동차

3. 중공업 •   • ③ 유조선, 쇄빙선, 화물선

어떤 주제일까요?   • 경제   • 정치   • 사회   • 문화   • 과학   • 국제   • 환경   • 인물

미래를 내다보는 눈, 삼성그룹 이건희

갤럭시 핸드폰을 사용해 본 적이 있나요? 국내 스마트폰 **시장 점유율**의 70퍼센트 이상을 차지하는 갤럭시 시리즈는 우리나라를 대표하는 기업 삼성에서 만들었어요. 삼성은 스마트폰뿐 아니라 많은 전자 기기의 부품으로 사용되는 반도체를 생산하는 회사예요. 평택에 있는 반도체 공장은 세계 최대 규모로 미국의 바이든 대통령도 직접 방문했을 정도로 외교적으로나 경제적으로 중요한 역할을 하고 있지요.

삼성이 이렇게 세계적인 글로벌 기업으로 성장한 데에는 삼성의 이건희 회장의 공이 컸어요. 아버지 이병철 **초대회장**에 뒤이어 삼성의 **후계자**가 되자마자 '초일류 기업'을 목표로 혁신을 강조하며 '마누라와 자식 빼고 다 바꾸라'는 말을 남겼어요. 초일류 기업을 목표로 하는 만큼 직원들의 급여나 복지에도 과감한 투자를 하며 좋은 인재를 선발하기 위해 노력했어요. 또한 세계적으로 남녀 평등을 추구하는 분위기를 먼저 감지하고 '법으로 하기 전에 삼성이 먼저 평등을 실천하라'고 주문했지요. 이건희 회장의 시대를 내다보는 눈과 판단력은 남달랐어요. 그중에서도 가장 빛이 난 것은 반도체에 투자한 거예요. 불확실성이 큰 사업이었지만 이건희 회장의 전폭적인 투자로 삼성은 세계적인 기업으로 발돋움할 수 있었어요.

이밖에도 애견가로 유명한 이건희 회장은 진돗개의 원산지가 한국으로 인정받을 수 있도록 후원하고, 1994년에는 한국 최초로 **맹인**들을 위한 애견 학교도 설립했어요. 경제적 효과뿐 아니라 사회 공헌 활동 역시 명실상부한 한국 최고의 기업으로 만든 것이지요.

- **시장 점유율** 한 상품의 총 판매량에서 한 기업의 판매량이 차지하는 비율
- **초대회장** 첫 번째 회장
- **후계자** 어떤 일이나 사람의 뒤를 잇는 사람
- **맹인** 시각 장애인을 달리 이르는 말

 **기사 깊이 알아보기**

1. 이건희 회장의 업적 중 강아지와 관련된 업적 두 가지를 써 보세요.

2. 1990년대 이후 반도체, 컴퓨터, 통신 기기 등과 관련된 첨단 산업으로 우리나라의 1인당 국민 총소득이 크게 증가했어요. 1인당 국민 총 소득의 변화에 따라 달라진 사람들의 생활 모습을 써 보세요

> **tip** <1인당 국민 총소득>
> 일정 기간 동안 한 나라의 국민이 국내외의 생산 활동에 참여하고 얻은 소득을 인구수로 나눈 것

 단어 깊이 알아보기

밑줄 친 ㉠과 ㉡의 뜻과 가장 잘 어울리는 단어를 보기에서 고르세요.

| 보기 | 후계자 | 초대회장 | 시장 점유율 | 맹인 |

• ㉠앞이 보이지 않는 심봉사는 ㉡뒤를 이을 자식을 간절히 바랐어요. 오랜 시간 하늘에 기도한 끝에 심봉사는 눈처럼 희고 꽃처럼 예쁜 심청이를 얻었지요.

㉠: _____ ㉡: _____

 사자성어 깊이 알아보기

명실상부(名 이름 명, 實 열매 실, 相 서로 상, 符 부합할 부)

이름과 실제가 서로 꼭 들어맞는다는 뜻으로 소문으로 알려진 것과 실제의 내용이 일치할 때 씁니다. 비슷한 말로는 '명불허전'이 있어요.

 • 경제 • 정치 • 사회 • 문화 • 과학 • 국제 • 환경 • 인물

정답 ㉠ 맹인 ㉡ 후계자

안 쓰는 전기 플러그는 꼭 뽑아 주세요

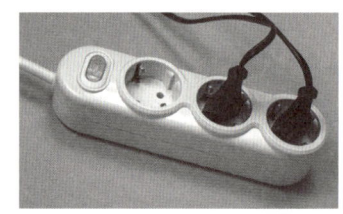

　사용하지 않는 컴퓨터의 전원을 켜 두거나 빈 방에 불을 켜 두는 등, 우리가 매일 무심코 하는 행동으로 전기가 낭비되고 있어요. 한국 에너지 공단은 안 쓰는 **가전제품**의 플러그만 뽑아도 전기 소비를 크게 줄일 수 있다고 합니다. 사용하지 않는 가전제품의 플러그를 꽂아 두는 것만으로도 대기 전력이 발생되는 탓이에요. 대기 전력은 실제 가전제품을 사용하지 않아도 코드가 꽂혀 있는 동안 대기하면서 사용되는 전력을 말해요. 그래서 대기 전력을 '전기 도둑'이라고 불러요. 어떤 나라에서는 '전기 흡혈귀'라고도 해요.

　우리나라 평균 대기 전력 소비량은 총 소비량의 11퍼센트를 차지할 만큼 비중이 높아요. 이렇게 발생하는 대기 전력은 가구당 연간 115킬로와트(kwh), 1년이면 7천 1백억 원이나 돼요. 그러니 냉장고처럼 24시간 전기 공급이 필요한 가전제품 외에는 플러그를 뽑아 두는 것이 좋아요. 플러그를 뽑는 것이 번거롭다면 개별 스위치가 있는 **멀티탭**을 사용하여 새어 나가는 전기 요금을 줄여 보세요. 전력 사용량을 줄이면 전기 요금뿐 아니라 **온실가스**도 줄일 수 있어요. 전기를 생산하는데 화석 연료를 사용해서 전기를 많이 쓰면 온실가스도 많이 배출되거든요. 환경 보호와 전기세 **절약**을 위해 안 쓰는 플러그를 빼 두는 습관을 길러 보아요.

- **가전제품** 가정에서 사용하는 세탁기, 냉장고, 텔레비전 등의 전자 기기
- **멀티탭** 여러 개의 플러그를 꽂을 수 있게 만든 이동식 콘센트
- **온실가스** 지구 대기를 오염시켜 온실 효과를 일으키는 가스
- **절약** 함부로 쓰지 않고 꼭 필요한 데에만 써서 아낌

기사 깊이 알아보기

1. '대기 전력'이란 무엇인지 설명해 보아요.

_____

_____

_____

2. 집 안에서 전기 절약을 실천할 수 있는 방법을 두 가지 이상 생각해 보아요.

_____

_____

_____

_____

단어 깊이 알아보기

1. 세탁기가 고장이 나서 엄마랑 | ㄱ | ㅈ | ㅈ | ㅍ | 매장에 갔는데, 하필 정기 휴무일이다.

2. 에너지 | ㅈ | ㅇ | 가(이) 몸에 밴 할아버지는 휴지도 꼭 6칸만 쓰신다.

3. 개발 도상국에서 지구의 | ㅇ | ㅅ | ㄱ | ㅅ | 를(을) 약 80퍼센트 배출하고 있다.

4. 각 기계별 전원 스위치가 장착된 | ㅁ | ㅌ | ㅌ | 는(은) 전원을 관리하기 쉽다.

   •경제 •정치 •사회 •문화 •과학 •국제 •환경 •인물

정답: 1. 가전제품 2. 절약 3. 온실가스 4. 멀티탭

영화보다 팝콘이 더 매력적이라면, '콩코드의 오류'를 떠올려요

영화관에서 영화를 보는데 생각보다 너무 재미없다면 어떻게 해야 할까요? 영화값을 환불받으면 좋겠지만 그럴 수 없지요. 경제학에서는 이미 써 버려서 받을 수 없는 돈을 '매몰 비용'이라고 해요. 사람들은 이 매몰 비용 때문에 **합리적인 선택**을 하지 못할 때가 있어요. 영화가 너무 재미없다면 중간에 그만 보는 것이 시간을 절약하는 일이지만, 이미 **지불**한 영화 티켓값이 아까워서 끝까지 보게 되는 것이죠. 이렇게 매몰 비용이 아까워서 더 큰 **손실**을 보게 되는 경우를 '매몰 비용의 **오류**'라고 해요. 내가 보유한 주식의 가격이 더 떨어질 것을 예상했음에도 이미 투자한 비용이 아까워 팔지 못하다가 더 큰 손해를 보는 경우, 몸이 좋지 않아 학원을 쉬어야 했는데 학원비가 아까워 억지로 수업을 갔다가 몸살 나는 경우, 맛없는 음식을 돈이 아까워 억지로 먹었다가 체하는 경우 등이 모두 매몰 비용의 오류 때문에 발생하는 사례라고 할 수 있어요.

매몰 비용의 대표적인 사례로는 콩코드 여객기를 들 수 있어요. 1960년대에 프랑스와 영국의 회사가 합작하여 초음속 여객기를 개발한 적이 있어요. 하지만 이 비행기는 비용이 너무 많이 들어 **운항**할수록 적자가 났지요. 그렇지만 콩코드 프로젝트를 **주도**한 사람들은 이미 투자한 비용이 아까워 운항을 멈추지 못했어요. 그래서 매몰 비용의 오류를 '콩코드의 오류'라고도 한답니다.

- **합리적 선택** 비용과 편익을 고려하여 이익이 극대화되도록 하는 선택
- **지불** 돈을 내어 줌
- **손실** 잃어버리거나 축나서 손해를 봄
- **오류** 그릇되어 이치에 맞지 않는 일
- **운항** 배나 비행기가 정해진 항로나 목적지를 오고 감
- **주도** 주동적으로 이끎

기사 깊이 알아보기

1. 매몰 비용이란 무엇인가요?

_____

_____

2. 매몰 비용이 아까워서 손해를 입었던 경험에 대해 써 보세요

_____

_____

단어 깊이 알아보기

1. 책을 사고 돈을 ㅈ ㅂ 하다.

2. 우리 반에서 제일 힘이 쎈 상범이의 ㅈ ㄷ 하에 우리는 2반과의 줄다리기에서 승리했다.

3. 컴퓨터에 바이러스가 침투하여 저장해 놓은 파일에 ㅇ ㄹ 를(을) 일으켰다.

4. 전쟁은 인명과 재산에 막대한 ㅅ ㅅ 를(을) 입힌다.

1969년, 콩코드의 첫 비행

어떤 주제일까요?

• 경제 • 정치 • 사회 • 문화 • 과학 • 국제 • 환경 • 인물

 정답: 1. 지불 2. 주도 3. 오류 4. 손실

한 발로 달리는 전동 킥보드, 아무나 타도 되는 걸까?

　한 발로 킥보드를 구르며 쌩쌩 달리는 기분은 참 상쾌합니다. 요즘은 어린이들이 주로 타던 킥보드에 전동 장치를 **장착**하여 빠르고 편리하게 이동할 수 있는 전동 킥보드를 타고 다니는 사람이 많습니다. 전동 킥보드는 발로 구르지 않아도 이동할 수 있고, 오토바이처럼 빠르게 달릴 수 있습니다. 그러나 서서 타야 하기 때문에 무게 중심이 앞으로 쏠리고, 좌우로 방향 조종을 위해 꺾는 각도도 크다 보니 위험천만한 사고를 부르기도 합니다. 또한 좁은 곳도 쉽게 통과할 수 있는 전동 킥보드는 사람들이 다니는 인도와 차도를 넘나들면서 큰 사고로 이어지는 사례가 **속출**하지요. 잦은 전동 킥보드 사고로 인해 정부가 나서 면허 소지, 헬멧(안전모) 착용을 의무화했지만, 여전히 무면허로 헬멧을 쓰지 않는 경우가 **빈번합니다**. 이에 따른 킥보드 사고가 급증하는 건 두말할 것도 없습니다.

　전동 킥보드를 도로에서 마주치는 시민들도 불안함을 느끼고 있습니다. 어린아이를 기르고 있는 김모 씨는 '횡단보도를 가로질러 갑자기 튀어나오는 전동 킥보드에 부딪힐 뻔한 적이 있다'면서 '전동 킥보드 관련 안전 수칙이 잘 지켜지지 않고, **면허**가 없는 청소년들도 **무분별**하게 타고 있어 위험하다'고 이야기했어요. 전동 킥보드 탑승에 관한 면허 제한, 속도 제한 등의 규제와 법안 마련이 더욱 필요한 때입니다.

- **장착** 장치를 부착함
- **속출** 잇따라 나옴
- **빈번하다** 번거로울 정도로 횟수가 잦다
- **면허** 도로에서 자동차나 오토바이 등을 운전할 수 있는 자격
- **무분별** 바른 생각이나 판단이 없음

 기사 깊이 알아보기

1. 기사에서 전동 킥보드 사고를 방지하기 위해 무엇이 필요하다고 주장하나요?

2. 다음은 기사를 논설문의 짜임에 맞게 정리한 것입니다. 본론에 대한 근거로 제시하고 있는 내용은 무엇인가요?

> **tip**
> - 서론: 요즘 전동 킥보드를 타고 다니는 사람이 많아졌다.
> - 본론: 전동 킥보드는 위험하고, 안전 사고가 나기 쉽다.
> - 결론: 전동 킥보드에 대한 규제와 법안 마련이 필요하다.

단어 깊이 알아보기

1. 학교 급식을 먹고 식중독에 걸리는 학생들이 ㅅ ㅊ 하고 있다.
2. ㅁ ㅂ ㅂ 한 인터넷 사용이 학교 폭력을 조장한다.
3. 오토바이를 탈 때에도 ㅁ ㅎ ㅈ 가(이) 필요하다.
4. 이곳은 교통의 요지라서 사람들의 왕래가 ㅂ ㅂ 하다.
5. 안전을 위해 안전띠 ㅈ ㅊ 는(은) 의무화해야 한다.

어떤 주제일까요? · 경제 · 정치 · 사회 · 문화 · 과학 · 국제 · 환경 · 인물

정답 🛈 1. 속출 2. 무분별 3. 안전모 4. 빈번 5. 장착

놀이공원 패스트트랙은 공정한 걸까?

여름방학이나 주말에 놀이공원이나 워터파크에서 놀이 기구를 타기 위해 길게 줄을 서 본 경험이 한 번은 있을 거예요. 사람이 많을수록 놀이 기구를 타는 시간은 짧은데 긴 시간 줄을 서야 하지요. 이때 줄을 서는 것을 원하지 않는 사람들에게 '패스트트랙'은 큰 인기를 끌고 있어요. 놀이공원이나 워터파크에서 운영되고 있는 패스트트랙은 일반 입장권에다 **추가 요금**을 내는 것으로, 줄을 서지 않고도 놀이 기구를 이용할 수 있게 한 서비스예요. 공원에 놀러 온 사람들은 시간을 아끼고, 놀이공원 측은 **수익**을 늘릴 수 있어요. 하지만 돈을 더 냈다고 줄을 서지 않는 것이 과연 공정한가에 대한 논쟁이 있었지요.

패스트트랙에 반대하는 사람들은 돈을 더 냈다는 이유로 놀이 기구를 먼저 타는 것은 공정하지 않다고 주장해요. 특히 어린아이들이 많이 이용하는 놀이공원 등에서 돈을 더 내는 대신 줄을 서지 않게 되면 질서와 규칙보다 돈을 더 중요하게 여기게 되는 **부작용**이 생길 거라면서요. 반면 패스트트랙을 찬성하는 사람들은 추가 요금을 낸다면 누구나 서비스를 이용할 수 있으니 불공평한 것은 아니라고 주장해요. 공연을 예매할 때에도 좋은 자리에 앉기 위해 더 비싼 요금을 내는 것과 같다면서요. 또한 놀이공원은 사기업이 운영하는 것이니 이런 서비스를 만들어 **이익**을 쫓는 것은 당연한 이치라고 말합니다.

- **추가 요금** 원래의 요금에 더 보태어 내는 요금
- **수익** 기업이 경제 활동의 대가로서 얻은 경제 가치
- **부작용** 어떤 일에 부수적으로 일어나는 바람직하지 못한 일
- **이익** 벌어들인 수입에서 그것을 위해 들어간 비용을 뺀 차액, 순수하게 벌어들인 돈

 **기사 깊이 알아보기**

1. 패스트트랙이란 무엇인가요?

_____

_____

_____

2. 기사를 읽고 패스트트랙에 찬성하는 입장과 반대하는 입장의 근거를 정리해 보세요.

패스트 트랙 찬성	패스트 트랙 반대

 **단어 깊이 알아보기**

단어의 뜻을 올바르게 이어 보아요.

1. 추가 요금 •   • ① 원래의 요금에 더 보태어 내는 요금

2. 부작용 •   • ② 기업이 경제 활동의 대가로서 얻은 경제 가치

3. 이익 •   • ③ 어떤 일에 부수적으로 일어나는 바람직하지 못한 일

4. 수익 •   • ④ 벌어들인 수입에서 그것을 위해 들어간 비용을 뺀 차액, 순수하게 벌어들인 돈

어떤 주제일까요? • 경제 • 정치 • 사회 • 문화 • 과학 • 국제 • 환경 • 인물

정답 1-① 2-③ 3-④ 4-②

초등학생도 의무적으로 시험을 봐야 한다고요!?!?

코로나 19로 온라인 수업이 많아진 탓일까요? 교육부와 교육 과정 평가원에서 발표한 자료에 따르면 코로나19 이후 학생들의 기초 학력이 많이 떨어졌다고 합니다. 그리하여 각 교육청에서는 학생들의 학업 성취도를 다시 올릴 수 있는 방법을 고심하고 있지요. 일부 지역에서는 초등학교 3학년부터 학력 평가를 실시하여 성적을 공개해야 한다는 의견도 나오고 있습니다. 사라졌던 기초 학력 평가 제도와 성적 공개가 **부활**해야 한다는 것이지요.

이러한 의견에 찬성하는 사람들은 평가와 성적 공개가 학생들 사이에 선의의 경쟁을 유도할 수 있고 학업 성취도를 높일 수 있다는 입장이에요. 성적이 공개되어야 자신의 성적을 **객관적**으로 판단할 수 있어 더 열심히 공부하게 된다고요. 그동안 자신의 객관적인 성적을 알 수 없어서 오히려 시험을 보는 학원에 다니는 아이들도 있었다면서요.

한편 평가와 성적 공개를 반대하는 사람들은 너무 이른 나이부터 **경쟁**을 하는 것은 학생들의 **정서 발달**에 좋지 않다는 입장이에요. 성적만으로 줄을 세우면 어린 아이들이 가진 다양한 재능과 교육적 가치를 놓칠 수 있다는 것이지요. 또한 성적 공개를 의식하여 사교육을 더 많이 시키게 되는 부작용이 생길 수 있다고도 주장합니다.

- **부활** 쇠퇴하거나 폐지한 것을 다시 살려 냄
- **객관적** 자기와의 관계에서 벗어나 제삼자의 입장에서 생각하는 것
- **경쟁** 같은 목적에 대하여 이기거나 앞서려고 서로 겨룸
- **정서 발달** 여러 가지 감정이 조화롭게 발달하는 일

 **기사 깊이 알아보기**

1. 기사를 읽고 기초 학력 평가 부활에 찬성하는 입장과 반대하는 입장을 정리해 보세요.

찬성	반대

2. 기초 학력 평가 부활에 대한 나의 생각을 이야기해 볼까요.

나는 기초 학력 평가 부활에 (찬성 / 반대) 한다.

왜냐하면

단어 깊이 알아보기

1. 사라질 위기에 있었던 극장이 시민들의 도움으로 ㅂ ㅎ 하였다.
2. 기술 ㄱ ㅈ 가(이) 치열하다.
3. 옳고 그름은 ㄱ ㄱ ㅈ (으)로 판단해야 오해가 생기지 않는다.
4. 아이의 ㅈ ㅅ ㅂ ㄷ 에는 엄마 아빠와의 교감이 필수적이다.

 •경제 •정치 •사회 •문화 •과학 •국제 •환경 •인물

정답 1. 부활 2. 경쟁 3. 객관적 4. 정서 발달

조리부터 배달에 이르기까지, 푸드테크는 대체 어디까지인가?

요즘에는 편의점, 아이스크림, 커피 등 무인매장을 보는 것이 **드문** 일이 아니에요. 사람이 있는 매장에서도 **키오스크**를 통해 결제하거나 로봇이 자리로 음식을 가져다주는 일은 흔한 일이 되었습니다. 최근에는 단순히 키오스크를 도입하여 운영하는 정도에서 나아가 커피를 직접 내려 주거나 음식을 조리해 주는 로봇이 상용화되고 있습니다. 무인 로봇 카페에서는 로봇 바리스타가 원두를 **분쇄**하고 커피를 내려 고객에게 **제공**하지요. 또한 로봇 셰프가 치킨을 튀기고, 순두부를 끓이는 등 요리를 대신해 주기도 합니다. 이뿐 아니라 강원 해수욕장, 망상 해수욕장 등에서는 드론으로 배달을 하는 시범 사업을 실시하는 등 드론배송이 시범 운영되기도 했습니다. 최근 교촌치킨은 파블로 항공과 MOU를 맺고 가평 지역 내 일부 펜션과 캠핑장에 교촌치킨을 배달하기로 했어요. 이러한 요리 로봇, 배달 드론 등과 같이 로봇의 활용은 **인건비**를 절약할 수 있다는 장점이 있어 더욱 **확산**되는 추세고요. 예전에는 기계가 요리하는 음식에 대한 거부감을 가지는 경우도 있었지만, 젊은 세대들은 기계로 수치화된 로봇이 만든 음식을 더 선호하기도 합니다. 또한 로봇의 기술이 정교해지고 디자인적 측면도 발전하면서 이러한 푸드테크는 식품업계의 신성장 동력으로 떠오르고 있습니다.

- **드물다** 어떤 일이 일어나는 횟수가 잦지 않다
- **키오스크** 공공장소에 설치된 무인 정보 단말기로 주로 터치 스크린 방식을 사용함
- **분쇄** 단단한 물체를 가루처럼 잘게 부스러뜨림
- **제공** 어떠한 것을 내주거나 갖다 바침
- **인건비** 사람을 부리는 데에 드는 비용
- **확산** 흩어져 널리 퍼짐

기사 깊이 알아보기

1. 키오스크, 요리 로봇, 드론 배송 등 확대되는 이유는 무엇인가요?

_____

_____

2. 사람이 만들어 준 음식과 로봇이 만들어 준 음식 중 어떤 음식을 선호하나요? 선호하는 이유도 적어 보세요.

_____

_____

단어 깊이 알아보기

1. ㅇㄱㅂ 를(을) 줄이기 위해 ㅋㅇㅅㅋ 를(을) 설치했는데, 고장이 잦아 수리비가 ㅇㄱㅂ 만큼 들어간다.
2. 오늘 간식은 옥수수와 사이다가 ㅈㄱ 된다.
3. 인적이 ㄷㅁ 이 골목을 지날 때마다 등골이 오싹하다.
4. 알약을 못 먹을 때에는 알약을 ㅂㅅ 하여 가루약으로 만들어 먹으면 된다.

여기서 잠깐, 상식 노트

업무 협약 또는 양해 각서를 의미하는 'MOU(Memorandum Of Understanding)'는 정식으로 계약을 체결하기에 앞서 서로 합의한 내용을 주고받는 서류를 말해요. 쉽게 말해 정식으로 계약을 하기 전에 양자 간에 약속한 사항을 적어 놓은 문서이지요.

어떤 주제일까요?

• 경제   • 정치   • 사회   • 문화   • 과학   • 국제   • 환경   • 인물

정답: 1. 인건비, 키오스크, 인건비 2. 제공 3. 드문 4. 분쇄

미국에서 냉동 김밥이 불티나게 팔린다고?

　냉동 김밥을 먹어 본 적이 있나요? 우리나라에는 즉석에서 김밥을 싸 주는 음식점이 많기 때문에 냉동 김밥을 먹는 경우는 거의 없지요. 그런데 최근 미국의 대형 마트 체인점인 '트레이더스 조'에서 냉동 김밥을 팔기 시작했어요. 냉동 김밥은 출시하자마자 날개 돋친 듯이 팔려 나가 전국적으로 품절 사태가 이어지고 있어요. 김밥을 사는 일이 하늘의 별 따기만큼 어려워진 거예요. 짧은 동영상 플랫폼인 틱톡에서는 한국계 음식 컨텐츠 크리에이터 사라 안이 어머니와 냉동 김밥을 먹는 영상이 조회수 1천만을 돌파하기도 했어요.

　미국의 NBC방송은 이렇게 냉동 김밥이 **입소문**을 타게 된 데에는 그녀의 영상이 결정적인 역할을 했다고 전했어요. **이민자**였던 그녀는 인터뷰를 통해 '어렸을 때는 점심 도시락으로 한식을 가져가면 놀림을 받았는데 요즘에는 한국 음악이나 음식에 열광하다니, 달라진 한국의 **위상**을 **실감**한다'고 말했어요.

　이렇게 냉동 김밥이 인기를 끈 것은 최근에 한국 드라마와 케이팝 등의 인기가 높아진 것도 한몫을 했어요. 한류에 대한 관심이 높아지면서 한식에 대한 호기심과 **호감**을 갖게 되었기 때문이지요. 미국의 유통업계 관계자는 냉동 김밥을 비롯한 한식을 **수입**할 수 있는 방법을 검토하고 있다고 밝혔는데요. 앞으로도 우리나라의 맛있는 음식들이 세계에 널리 뻗어 나갔으면 좋겠습니다.

- **입소문** 입에서 입으로 전하는 소문
- **이민자** 자기 나라를 떠나 다른 나라로 이주하여 사는 사람
- **위상** 어떤 사물이 다른 사물과의 관계 속에서 가지는 위치나 상태
- **실감** 실제로 체험하는 느낌   **호감** 좋게 여기는 감정
- **수입** 다른 나라로부터 상품이나 기술 따위로 국내로 사들임

📝 기사 깊이 알아보기

1. 외국에 소개하고 싶은 우리나라 음식이 있나요? 한 가지를 선택하여 소개해 보세요.

------

2. 우리나라와 활발한 교류를 하는 나라를 골라, 그 나라의 자연환경과 인문 환경을 설명해 보세요.

💡 단어 깊이 알아보기

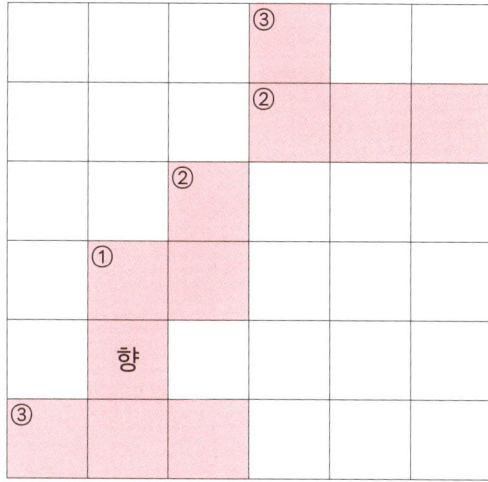

세로
① 고향을 잃고 타향에서 지내는 백성
② 좋게 여기는 감정
③ 다른 나라로부터 상품이나 기술 따위를 국내로 사들임

가로
① 실제 체험하는 느낌
② 입에서 입으로 전하는 소문
③ 자기 나라를 떠나 다른 나라로 이주하여 사는 사람

• 경제 • 정치 • 사회 • 문화 • 과학 • 국제 • 환경 • 인물

정답: 세로 - 1. 유랑민 2. 호감 3. 수입 / 가로 - 1. 실감 2. 문소 3. 이민자

인도는 바라트, 터키는 튀르키예 나라 이름도 개명이 되나요?

얼마 전 인도의 뉴델리에서 G20 **정상회의**가 열렸어요. 주최국인 인도의 대통령실은 정상회의 만찬을 위해 만든 초청장에서 국가의 이름을 공식 영문명인 '인디아' 대신 '바라트'로 표기했어요. 정상회의에서 사용한 명패에도 '바라트 총리'로 표기했지요. 바라트는 힌디어로 인도를 뜻해요.

다수의 매체들은 인도 정부가 국명을 바라트로 바꾸려는 움직임을 포착했어요. 민족주의 성향의 모디 총리와 **여당**인 인도국민당의 주장은 '인디아'에 **식민지**의 흔적이 남아 있으니 바라트로 바꿔야 한다는 거죠. '인디아'는 영국이 인도를 식민 지배할 때 도입된 이름이니 사용을 금해야 한다고요. 우리나라가 일본에 36년간 식민 지배를 받았던 것처럼 인도는 89년에 걸쳐 영국의 혹독한 식민 지배를 받았거든요. 하지만 **야당**에서는 '인디아'라는 이름이 많은 가치를 쌓아 왔다며 국명을 바꾸는 것을 반대하고 있어요.

이처럼 나라 이름을 바꾸는 경우는 종종 있어요. 최근에는 '터키'가 '튀르키예'로 국가명을 바꾸었어요. 터키는 영어의 칠면조, 겁쟁이, 패배자를 뜻하는 터키(Turkey)와 발음이 같아 오랫동안 스트레스를 받아 왔어요. 그래서 터키어로 '튀르크인의 땅'을 의미하는 '튀르키예'로 국가명을 변경, 유엔의 정식 승인을 받았지요.

- **개명** 이름을 바꾸는 것
- **정상회의** 각 나라의 최고 지도자들이 모여 의논하는 것
- **여당** 현재 정권을 잡고 있는 정당
- **식민지** 정치적, 경제적으로 다른 나라에게 예속되어 국가로서의 주권을 상실한 나라
- **야당** 현재 정권을 잡고 있지 않은 정당

 기사 깊이 알아보기

1. 인도가 이름을 바꾸었을 때 얻을 수 있는 장점과 단점은 무엇일까요?

2. 만약 우리나라가 북한과 통일이 된다면 나라 이름을 어떻게 바꿔야 할까요?

 단어 깊이 알아보기

예문의 초성을 참고하여 괄호 안에 알맞은 낱말을 써 보아요.

1. (　　　　): 이름을 바꾸는 것

   예문: '김말숙'이었던 할머니 이름을 '김미희'로 (ㄱㅁ)했다.

2. (　　　　): 각 나라의 최고 지도자들이 모여 의논하는 것

   예문: 이번 (ㅈㅅㅎㅇ) 개최국은 스웨덴이다.

3. (　　　　): 정치적 경제적으로 다른 나라에게 예속되어 국가로서의 주권을 상실한 나라

   예문: 인도는 영국의 (ㅅㅁㅈ)(으)로 89년을 지냈고, 우리는 일본의 (ㅅㅁㅈ)(으)로 36년을 보냈다.

여기서 잠깐, 상식 노트

'G20(Group of 20)'은 세계 주요 20개국을 회원국으로 하는 국제기구를 말해요. 선진 7개국(G7)과 신흥 12개국, 그리고 유럽 연합 의장국을 포함하여 총 20개국이지요. 유럽 연합 의장국이 G7에 속할 때는 19개국이 돼요.

- G7: 미국·프랑스·영국·독일·일본·이탈리아·캐나다
- 신흥 12개국: 한국, 아르헨티나, 오스트레일리아, 브라질, 중국, 인도, 인도네시아, 멕시코, 러시아, 사우디아라비아, 남아프리카공화국, 튀르키예

 어떤 주제일까요?　•경제　•정치　•사회　•문화　•과학　•국제　•환경　•인물

정답 🔖 1. 개명 2. 정상회의 3. 식민지

서울 하늘이 뚫렸다! 북한에서 날아온 무인기

　북한이 띄운 무인 항공기 여러 대가 우리 **영공**을 침범해 최소 6시간 이상 날아다니다 돌아가는 일이 벌어졌어요. 그중 한 대는 서울 상공에까지 날아들어온 것으로 확인됐어요. 이번에 우리나라를 **침범**한 무인기는 2미터 정도 크기였는데 육안으로 식별할 수 있을 정도로 지상과 **근접**한 비행을 했어요. 침범 목적은 아마도 군사 정보를 수집하고 무인기의 성능을 테스트하기 위한 목적으로 추측해요. 하지만 테러나 공격을 목적으로 소형 폭탄을 장착하고 왔다고 생각하면 아찔하지 않을 수 없지요.

　2018년 9월 19일 당시 문재인 대통령과 김정은 북한 국무위원장은 '9.19 남북 군사 합의'를 통해 '지상과 해상, 공중 등 모든 공간에서 무력 충돌을 방지하기 위해 모든 적대 행위를 중지한다'고 합의했어요. 그러나 북한이 반복적으로 약속을 어기면서 우리나라 국민들의 불안감은 커지고 있어요. 특히 이번처럼 민간인 주거 지역까지 무인기가 침범하면서 국민들은 더욱 불안해하고 있지요. 우리 군은 전투기와 공격 헬기를 동원해 대응했지만 **격추**하지 못했어요. 이에 따라 무인기에 대비한 감시 및 방어 체계를 **보완**해야 한다는 지적이 나오고 있어요. 한편 무인기는 우리나라뿐 아니라 세계 곳곳에서도 큰 위협이 되고 있어요. 무인기가 테러에 사용되지 않도록 세계 평화를 위해 모두가 노력해야 해요.

- **영공** 영토와 영해 위의 하늘, 그 나라의 주권이 미치는 범위의 하늘
- **침범** 남의 영토나 권리, 재산 등을 침해하여 해를 끼침
- **근접** 가까이 접근
- **격추** 비행기나 비행선을 쏘아 떨어뜨림
- **보완** 모자라거나 부족한 것을 보충하여 완전하게 함

📝 기사 깊이 알아보기

1. 다음은 우리나라가 남북 분단으로 겪고 있는 어려움입니다. 알맞은 단어를 보기에서 찾아 빈칸을 완성해 보세요.

| 보기 | 국방비 | 전쟁 | 이산가족 | 지리적 이점 | 불안감 |

① (　　　　　)가(이) 만나지 못해 고통을 받고 있다.

② 남북이 대치하고 있어 (　　　　　)가(이) 계속 증가하고 있다.

③ 많은 사람들은 다시 (　　　　　)가(이) 일어날 수도 있다는 (　　　　　) 속에서 살고 있다.

④ 대륙과 해양을 잇는 한반도의 (　　　　　)를(을) 누리지 못하고 있다.

2. 남북 통일이 돼야 하는 이유를 이야기해 보아요.

💡 단어 깊이 알아보기

1. 문제점을 　ㅂ ㅇ　 하여 최선을 다하였다.
2. 우리나라는 이민족의 　ㅊ ㅂ　 (으)로 어려움을 겪었다.
3. 돌아보니 아주 　ㄱ ㅈ　 한 곳에 그 아이가 서 있었다.
4. 이 비행기는 중국의 　ㅇ ㄱ　 를(을) 통과한다.
5. 우리 군이 적군의 전투기를 　ㄱ ㅊ　 시켰다.

 ・경제 ・정치 ・사회 ・문화 ・과학 ・국제 ・환경 ・인물

지구 온난화가 가고
열대화 시대가 도래하다

2023년 7월의 기온이 평년보다 1.5도가량 높은 것으로 나타나며, 1940년 관측 이후 기온이 가장 높은 7월로 기록되었습니다. 이는 환경 오염으로 인한 지구의 이상 기온 때문인데요. 안토니우 쿠테흐스 국제 연합(UN) 사무총장은 지구

온난화 시대의 **종말**을 선언했어요. 또한 지구는 온난화를 넘어 지구가 펄펄 끓는 '지구 **열대화** 시대가 열렸다'면서 '이는 단지 시작에 불과하다'고 경고했습니다.

지구 온도가 오르면 **호우**, 태풍, 가뭄, 혹한 등의 이상 기후 발생이 잦아지고, 빙하가 녹아 **해수면**이 상승하는 문제들이 생깁니다. 지구가 뜨거워지면 동물은 물론 인간도 지구에 살기 어려울 수 있어요. 그러다 보니 국제 연합에서는 지금이라도 인간들이 살아가면서 배출한 만큼의 온실가스를 다시 흡수하여 실질 배출량을 '0'으로 만드는 넷제로(탄소 중립)를 위한 행동을 보여야 할 때라고 주장해요. 따라서 세계의 각 나라에서는 지구를 뜨겁게 만드는 온실가스의 배출량을 줄이고 **상쇄하기** 위해 나무를 심거나 온실가스 감축 시설을 설치하는 등 각고의 노력을 하고 있습니다. 더 늦기 전에 우리 인간의 삶의 터전인 지구를 지키기 위한 개인과 나라, 그리고 세계 각국의 관심이 절실한 때예요.

- **종말** 계속된 일이나 현상의 맨 끝
- **열대화** 지구가 점점 더 뜨거워져서 일정한 지역이 열대 기후로 변한 상태
- **호우** 줄기차게 내리는 크고 많은 비
- **해수면** 바닷물의 표면
- **상쇄하다** 상반되는 것이 서로 영향을 주어 효과가 없어지는 일

 **기사 깊이 알아보기**

1. 지구의 온도가 오르면 어떠한 문제가 발생하나요?

2. 국제 연합처럼 국제적인 목적이나 활동을 위해 두 나라 이상의 회원국으로 구성된 단체를 '국제기구'라고 해요. 이러한 국제기구가 필요한 까닭은 무엇인가요?

 **단어 깊이 알아보기**

단어의 뜻을 올바르게 이어 보아요.

1. 호우 • • ① 지구가 점점 더 뜨거워져서 일정한 지역이 열대 기후로 변한 상태
2. 열대화 • • ② 바닷물의 표면
3. 해수면 • • ③ 계속된 일이나 현상의 맨 끝
4. 종말 • • ④ 상반되는 것이 서로 영향을 주어 효과가 없어지는 일
5. 상쇄하다 • • ⑤ 줄기차게 내리는 크고 많은 비

 **여기서 잠깐, 상식 노트**

'국제 연합' 또는 '유엔(UN)'은 제 2차 세계 대전 이후 전쟁을 방지하고 국제 평화를 유지하기 위해 1945년에 설립된 국제기구예요. 주요 활동으로는 전쟁을 방지하고 분쟁을 조정하는 '평화 유지 활동'과 과도한 무기 개발을 제한하는 '군비 축소 활동', 경제적 사회적 문화적 차원에서 교류와 협력을 증진하는 '국제 협력 활동' 등이 있어요.

어떤 주제일까요? • 경제 • 정치 • 사회 • 문화 • 과학 • 국제 • 환경 • 인물

정답 1-⑤ 2-① 3-② 4-③ 5-④

뚜껑이 열리면 라벨이 떨어지는 페트병

　환경을 보호하려면 **분리수거**를 잘해야 한다는 것, 알고 있지요? 그런데 페트병을 분리수거할 때 페트병을 감싸고 있는 **라벨**도 깨끗이 제거해야 한다는 것도 알고 있었나요? 재활용 분리 배출을 하려면 이 라벨지를 떼어 내야 하는데요. 라벨지를 떼어 내는 것이 번거롭고 깨끗하게 떨어지지 않아서 페트병에 라벨지를 부착하지 말자는 주장이 있었어요. 그래서 페트병에 라벨을 붙이지 않은 무라벨 생수를 파는 회사들이 하나둘 생겼어요. 문제는 라벨이 없을 경우 어떤 브랜드의 제품인지, 어떤 음료수인지 알아보기가 어려워요. 현실적으로 생수 이외의 음료수에는 무라벨 상품을 만들기가 어렵지요. 그런데 '2023 환경 창업대전'에서 개그맨 장동민 씨가 페트병 뚜껑을 돌리면 라벨지가 동시에 떨어지는 '페트병 원터치 제거식 용기 포장지'를 출품하여 우수상을 수상했어요. 제품 정보와 브랜드를 표시하고 싶어하는 기업과 분리 배출을 편하게 하고 싶은 소비자, 양쪽 모두 만족시킬 아이디어 상품이 나온 거예요. 편리할 뿐더러 환경 보호에 도움이 되는 이 '페트병 원터치 제거식 용기 포장지'는 현재 **상용화**하기 위해 대량으로 생산할 수 있는 기계를 만드는 단계에 접어들었습니다.

　이 상품을 발명한 장동민 씨는 개그 코너를 짤 때에도 어떻게 하면 사람들과 **공감**할까를 가장 많이 고민하는데, 발명도 이와 비슷하다고 했어요. 다시 말해 사람들의 마음을 살피는 것에서부터 발명은 시작한다는 것이지요.

- **분리수거** 종류별로 나누어서 버린 쓰레기 따위를 거두어 감
- **라벨** 종이나 천에 상표나 품명 따위를 인쇄하여 상품에 붙여 놓은 조각
- **상용화** 물품 따위가 일상적으로 쓰이게 됨
- **공감** 남의 감정, 의견, 주장에 대하여 자기도 그렇다고 느끼는 것

기사 깊이 알아보기

1. '페트병 원터치 제거식 포장 용기'의 장점은 무엇인가요?

_____

_____

2. '세계 시민'으로서 지구촌 문제 중 어떤 문제를 해결해 보고 싶은지 생각하고, 내가 실천할 수 있는 일을 떠올려 보세요.

> **tip** <세계 시민이란?>
> 지속 가능한 미래를 만들기 위해 지구촌 문제에 관심을 갖고 해결하려고 적극적으로 협력하고 참여하는 사람을 가리켜요.

참여하고 싶은 과제	☐ 빈곤과 기아 퇴치 ☐ 환경 보호의 실천 ☐ 문화적 차별 극복
해결 방안	

단어 깊이 알아보기

1. 쓰레기를 줄이고 재활용을 위해 ㅂ ㄹ ㅅ ㄱ 는(은) 꼭 필요한 제도야.

2. 네가 화가 난 이유를 충분히 ㄱ ㄱ 하지만, 상대방의 마음도 생각해 볼 필요가 있어.

3. 이 옷은 우리나라에서 만든 게 아니라 캄보디아에서 만든 거라고 ㄹ ㅂ 에 적혀 있네.

4. 원래는 캠핑 장비로써 ㅅ ㅇ ㅎ 된 컵이지만, 요즘에는 카페에서 커피잔으로도 사용돼.

어떤 주제일까요? · 경제 · 정치 · 사회 · 문화 · 과학 · 국제 · 환경 · 인물

정답: 1. 분리수거 2. 공감 3. 라벨 4. 상용화

플라스틱 빨대 대신
종이 빨대를 드립니다

가볍고 저렴한 플라스틱은 우리 생활을 아주 편리하게 해 주지만 **분해**가 잘되지 않고 분해되는 과정에서는 미세 플라스틱이 발생해요. 미세 플라스틱은 체내에 쌓여 각종 병을 유발하고요. 나라에서는 이러한 플라스틱 사용을 줄이기 위해 일회용품 사용 **규제**를 강화하고 있어요. 환경부의 지침에 따르면 2023년 11월부터 전국 음식점과 커피 전문점 등에서 일회용품은 사용할 수가 없어요. **무상 제공**이 금지되었던 비닐봉투와 쇼핑백도 이제는 '사용 금지' 품목이 되었고요. 해당 용품을 사용하다 적발되면 300만원 이하의 **과태료**가 부과됩니다. 이러한 정책에 발 맞춰 커피 전문점에서는 플라스틱 빨대를 없애고 종이 빨대로 교체했어요.

해외에서도 플라스틱 사용을 **억제**하는 움직임이 활발해요. 프랑스에서는 패스트푸드점에서 일회용 접시나 수저 사용하는 것을 전면 금지했고, 영국과 뉴질랜드 역시 일회용 플라스틱 용품의 사용을 단계적으로 제한하고 있어요. 일회용컵 보증금제를 시행하는 독일에서는 약 95퍼센트에 달하는 페트병이 재활용되지요. 우리나라도 2025년부터 일회용컵 보증금제를 시행하여 일회용컵에 보증금 300원을 부과하는 제도를 시행하겠다고 밝혔어요. 환경 문제는 더 이상 미룰 수 없는 인류의 생존이 걸려 있는 문제이니만큼 플라스틱 줄이기에 적극적으로 동참해 보는 건 어떨까요.

- **분해** 결합되어 이루어진 것을 그 낱낱으로 나누는 것
- **규제** 규칙으로 정한 한도를 넘지 못하게 막음
- **무상 제공** 돈을 받지 않고 주는 것
- **과태료** 의무를 하지 않은 사람에게 벌로 물게 하는 돈
- **억제** 한도를 넘어가는 것을 억눌러 그치게 함

 **기사 깊이 알아보기**

1. 강화된 일회용품 사용 규제에 따라 사용할 수 없게 된 물건들을 나열해 볼까요?

_____

_____

_____

2. 일상생활에서 법을 준수하는 태도가 필요한 이유를 써 보세요.

_____

_____

_____

_____

 **단어 깊이 알아보기**

1. 감정을 ㅇㅈ 하는 게 무조건 나쁜 것만은 아니다.
2. 학교 급식의 ㅁㅅㅈㄱ 에 반대하는 사람들이 생겨나고 있다.
3. 이 식당에서 음식을 남기면 1만 원의 ㄱㅌㄹ 를(을) 내야 한다.
4. 우리 아들은 레고를 ㅂㅎ 했다가 다시 조립하기를 반복한다.
5. 예술 작품의 주제를 엄격하게 ㄱㅈ 하는 건 바람직하지 않다.

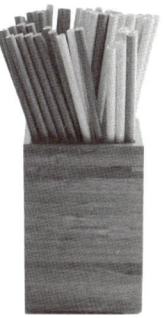

어떤 주제일까요? · 경제 · 정치 · 사회 · 문화 · 과학 · 국제 · 환경 · 인물

정답: 1. 억제 2. 의무 제공 3. 과태료 4. 분해 5. 규제

에베레스트에서 속속 발견되는 의문의 시신들

전 세계의 등산가들에게는 지구상에서 가장 높은 산 에베레스트의 정복이 꿈이자 목표지요. 매년 수많은 등산가들이 에베레스트 **등반**을 떠나지만, 등반 중에 사고와 맞닥뜨리기도 합니다. 그러나 고도가 높은 에베레스트는 **만년설**에 덮여 있어 인명 구조가 쉽지 않아요.

한편 최근 유럽의 알프스 산악 지대에서 만년설과 빙하가 녹으면서 수십 년 전 **실종**된 사람들의 시신이 잇따라 발견되고 있습니다. 에베레스트에서도 실종된 것으로 알려진 등산인들이 속속 발견되고 있고요. 이들 대부분은 빙하나 눈에 묻혀 있었던 것으로 추정되는데, 빙하와 눈이 녹으면서 모습을 드러내는 거예요.

그린피스에 따르면 알프스에서 시신이 발견된 지역은 2019년부터 2022년까지 무려 60~100미터가량의 빙하가 사라졌다고 합니다. 유족의 품으로 돌아오지 못했던 시신이 발견된 것은 다행이지만, 만년설과 빙하가 녹고 있다는 것은 지구 온난화가 심각하단 뜻이기도 해요. 특히 올여름, 유럽의 날씨가 섭씨 40도를 훌쩍 넘는 폭염이 지속되면서 만년설이 녹는 속도는 더욱 빨라졌습니다. 스위스 기상청은 이대로 가다가는 알프스의 **최고봉** 몽블랑(해발 4,808미터)의 만년설도 버틸 수 없을 것이란 전망을 내놓았어요. 만년설이 녹으면 해수면이 상승해 동물과 인간이 살 수 있는 곳이 줄어들고, 빙하 속에 묻혀 있던 고대 바이러스들이 깨어나는 문제가 발생할 수 있습니다.

- **등반** 험한 산이나 높은 곳의 정상에 이르기 위하여 오르는 것
- **만년설** 아주 추운 지방이나 높은 산지에 언제나 녹지 않고 쌓여 있는 눈
- **실종** 종적을 잃어 간 곳이나 생사를 알 수 없게 됨
- **최고봉** 어느 지방이나 산맥 가운데 가장 높은 봉우리

기사 깊이 알아보기

1. 만년설이 녹으면 어떤 문제가 발생하나요?

2. 지구촌 환경 문제를 해결하기 위해 우리가 할 수 있는 일들을 생각해 보아요.

개인	
기업	
국가	

단어 깊이 알아보기

단어의 뜻을 올바르게 이어 보아요.

1. 만년설 •   • ① 천신만고 끝에 우리는 (　　) 에 올랐다!

2. 등반 •   • ② 지리산 (　　) 에 가장 필요한 건 미끄러지지 않는 등산화다.

3. 실종 •   • ③ 삼촌이 사흘 동안 연락이 없어 경찰에 (　　) 신고를 했다.

4. 최고봉 •   • ④ 알프스의 (　　) 가(이) 사라지면서 스키 관광객의 발길이 끊겼다.

어떤 주제일까요?   • 경제 • 정치 • 사회 • 문화 • 과학 • 국제 • 환경 • 인물

유엔 안보리 비상임 이사국, 대한민국

　우리나라가 11년 만에 유엔 안전 보장 이사회(안보리) 비상임 이사국으로 선출되었어요. 안보리의 비상임 이사국으로 선출되려면 전체 192개 회원국 중 3분의 2의 찬성표가 필요해요. 우리나라는 2023년 6월 6일, 미국 뉴욕 유엔 본부에서 열린 총회에서 180개국의 찬성표를 받았어요. 이에 따라 한국은 2024~2025년 임기의 안보리 비상임 이사국으로 활동하게 되었어요. 이번 비상임 이사국 선출은 11년 만이자 1991년 유엔에 가입한 이래 세 번째이지요.

　유엔 안보리는 국제 평화와 **안보** 질서를 정하는 최상위 국제기구예요. 전 세계의 평화를 위협하는 사안에 대해 협의하고 해결책을 마련하는 기관이지요. 유엔의 주요 기관들은 회원국들에게 법적 **구속력**을 갖지 않는 **권고안**만 제출할 수 있지만, 안보리는 유엔 회원국들이 반드시 따라야 하는 강제성을 지닌 결정도 내릴 수 있는 유일한 기관이에요. 안보리는 상임 이사 5국(미국, 영국, 프랑스, 중국, 러시아)과 비상임 이사 10국으로 구성돼요. 비상임 이사국은 5개 상임 이사국에게만 주어진 거부권만 없을 뿐 유엔 안보리의 현안 논의와 표결에 참여할 수 있어요. 이번 비상임 이사국 선출은 최근 북한의 7차 핵실험 가능성이 **고조되는** 가운데 북핵 문제를 비롯해 동북아시아의 국제 현안에 대해 당사자인 우리나라가 **주체적**으로 참여할 수 있다는 점에서 큰 의미가 있어요. 정부는 많은 회원국의 지지를 받아 안보리에 진출하게 된 것을 기쁘게 생각한다며, 국제 사회의 평화와 자유와 번영에 기여할 수 있도록 최선을 다하겠다고 말했어요.

- **안보** 편안히 보전됨, 안전 보장
- **권고안** 어떤 일을 하도록 권하는 안건
- **주체적** 자유롭고 자주적인 성질
- **구속력** 어떤 행위를 강제로 못하게 하는 힘
- **고조되다** 감정이나 기세가 높아지다

기사 깊이 알아보기

1. 유엔 안보리는 지구촌의 갈등을 해결하기 위해 만들어진 국제 기구입니다. 세계 곳곳에서 일어나고 있는 갈등 사례를 찾아 보고 그 까닭을 적어 봅시다.

2. 지구촌 갈등을 해결하기 위해 필요한 태도는 무엇일까요?

단어 깊이 알아보기

1. 학생 회의는 의견을 주고받을 뿐 법적 ㄱ ㅅ ㄹ (는)은 없다.

2. 우리 반 교훈은 'ㅈ ㅊ ㅈ (으)로 생각하고 판단하라'이다.

3. 우리나라는 휴전국이라서 국가 ㅇ ㅂ 에 예민하다.

4. 콘서트가 막바지에 들어가자 분위기가 크게 ㄱ ㅈ 되었다.

어떤 주제일까요? · 경제 · 정치 · 사회 · 문화 · 과학 · 국제 · 환경 · 인물

부록 1. 기사별 초등 개정 교과 과정

학년 구분	소제목	과목 구분
1학년	엄마 아들로 태어나 줘서 너무 행복하고 고마웠어	1-1 여름 1. 우리는 가족입니다
	내가 본 뉴스가 가짜 뉴스라고?	1-2 국어 7. 무엇이 중요할까요
	예술 작품을 쨍그랑 깨뜨려 버린 유치원생	1-2 국어 9. 겪은 일을 글로 써요
2학년	노 키즈 존, 자유일까? 역차별일까?	2-1 국어 10. 다른 사람을 생각해요
	900원과 초등학생의 쪽지, 그리고 사장님의 눈물	2-2 국어 10. 칭찬하는 말을 주고 받아요
	더불어 사는 세상, 베어베터	2-2 국어 4. 인물의 마음을 짐작해요
	"엄마 속상해서 빵 샀어!" 나의 MBTI는 과연...	2-2 국어 6. 자세하게 소개해요
	이제는 K-클래식의 시대!	2-2 국어 6. 자세하게 소개해요
	우크라이나의 크리스마스는 1월 7일이었다고?	2-2 국어 6. 자세하게 소개해요
	갑자기 부는 선선한 바람, 처서 매직	2-2 여름 2. 초록이의 여름여행
3학년	먹태깡은 언제쯤 다시 들어오나요?	3-1 국어 6. 일이 일어난 까닭
	밀가루가 아닌 가루 쌀로 초코 케이크를 만들었다고?	3-1 국어 6. 일이 일어난 까닭
	눈앞에서 놓치고 만 금메달, 웃을 수 없는 은메달리스트의 사연	3-1 국어 6. 일이 일어난 까닭
	최저 시급보다 적은 9급 공무원 월급	3-1 국어 6. 일이 일어난 까닭
	영화 스트리밍 시대를 연 넷플릭스, 리드 헤이스팅스	3-1 국어 6. 일이 일어난 까닭
	'심심한' 사과를 드립니다	3-1 국어 7. 반갑다, 국어사전
	동물 학대 결사 반대! 비건 패션으로 패셔니스타 되기	3-1 국어 8. 의견 있어요
	어디로든 드론이 간다!	3-1 사회 3. 교통과 통신 수단의 변화
	미세 플라스틱이 자폐 스펙트럼 장애의 원인이라니!	3-1 과학 1. 물질의 성질
	뻐꾸기의 알 바꿔치기	3-1 과학 2. 동물의 한살이
	설날 용돈은 얼마를 주고, 얼마를 받아야 할까?	3-2 국어 3. 자신의 경험을 글로 써요
	세기의 장난감, 레고	3-2 국어 3. 자신의 경험을 글로 써요
	우리 집은 하루에 얼마나 먹을까?	3-2 사회 1. 환경에 따라 다른 삶의 모습

	세상에서 가장 비싼 도시에 사는 캥거루족	3-2 사회 1. 환경에 따라 다른 삶의 모습
	"셀프 계산대를 이용해 주세요!" 키오스크가 무서운 노인들	3-2 사회 2. 시대마다 다른 삶의 모습
	반려동물도 학교를 다닌다고요?	3-2 사회 3. 가족의 형태와 역할 변화
	다문화 가족으로 이뤄진 '다울림 봉사단'	3-2 사회 3. 가족의 형태와 역할 변화
	푸바오랑 강바오 할아버지가 쭉 같이 있게 해 주면 안 돼요?	3-2 과학 2. 동물의 생활
4학년	의대를 가장 많이 보내는 '서울대학교'	4-1 국어 4. 일에 대한 의견
	미술대회 대상의 주인공이 AI라면?	4-1 국어 4. 일에 대한 의견
	우후죽순 늘어나는 무인점포, 화재 사고의 사각지대가 되다!	4-1 국어 8. 이런 제안 어때요
	투명 인간, 현실화될까?	4-1 국어 8. 이런 제안 어때요
	아름다운 불꽃놀이, 아름답지 못한 뒷모습	4-1 국어 8. 이런 제안 어때요
	한국어 열풍이 불다!	4-1 국어 9. 자랑스러운 한글
	제주도에 입도세를 내라고요?	4-1 사회 3. 지역의 공공기관과 주민 참여
	여행의 성지, 하와이가 분화되다! 그렇다면 백두산도 폭발할까?	4-2 과학 4. 화산과 지진
	방사능 오염수는 안전하다! vs 오염수는 오염수!	4-2 과학 5. 물의 여행
	히잡은 꼭 써야 하나요?	4-2 국어 1. 이어질 장면을 생각해요
	꿈을 현실로 만드는, 일론 머스크	4-2 국어 1. 이어질 장면을 생각해요
	'마약'이라는 단어, 빼 주세요	4-2 국어 2. 마음을 전하는 글을 써요
	선생님과 학생이 함께 행복한 교실을 만들어 주세요!	4-2 국어 2. 마음을 전하는 글을 써요
	라켓 부숴 던지고 악수마저 거부한 테니스 선수	4-2 국어 4. 바르고 공손하게
	가전제품의 국산화를 이룩한 LG그룹 구인회	4-2 국어 6. 본받고 싶은 인물을 찾아봐요
	시골의 작은 마을에서 키우고, 도시의 거리에서 팔아요	4-2 사회 1. 촌락과 도시의 생활 모습
	이윤보다 환경을 중시하는 파타고니아	4-2 사회 2. 필요한 것의 생산과 교환
	암표는 불법인데 레고를 되파는 건 합법이라고?	4-2 사회 2. 필요한 것의 생산과 교환
	욜로보다 거지방	4-2 사회 2. 필요한 것의 생산과 교환
	친환경 배송 수단의 혁명, 야쿠르트 카트	4-2 사회 2. 필요한 것의 생산과 교환
	중고 거래로 환경을 보호하다!	4-2 사회 2. 필요한 것의 생산과 교환
	투자의 귀재, 워렌 버핏	4-2 사회 2. 필요한 것의 생산과 교환

	세상의 모든 정보, 구글	4-2 사회 3. 사회 변화와 문화의 다양성
	한국이 곧 소멸될 거라고요!?	4-2 사회 3. 사회 변화와 문화의 다양성
	"학교가 끝나면 학원이나 공부방으로 가야 해요"	4-2 사회 3. 사회 변화와 문화의 다양성
	애국 소비보다 아이폰! 중국의 변함없는 아이폰 사랑	4-2 사회 3. 사회 변화와 문화의 다양성
5학년	담배에 세금을 붙이는 건 정당한 일일까?	5-1 국어 5. 글쓴이의 주장
	BTS도 군대 간다! 병역 특례는 누가 받을 수 있을까?	5-1 국어 5. 글쓴이의 주장
	자율 주행 자동차와 트롤리의 딜레마	5-1 국어 6. 토의하여 해결해요
	우리 집에서 자고 갈래? 에어비앤비	5-1 국어 7. 기행문을 써요
	네이마르의 경기를 보려면 파리가 아닌 사우디아라비아로!	5-1 국어 8. 아는 것과 새롭게 안 것
	이제부터는 생일이 지나야 나이를 먹을 수 있어요	5-1 국어 8. 아는 것과 새롭게 안 것
	혁신의 아이콘, 스티브 잡스	5-1 국어 8. 아는 것과 새롭게 안 것
	쇼핑업계의 큰 손, '욜드족'을 잡아라	5-1 사회 1. 국토와 우리 생활
	학교 폭력이 발각되면 대학에도 갈 수가 없어요!	5-1 사회 2. 인권 존중과 정의로운 사회
	경찰도 쉬쉬하는 가해자의 신상을 알려드립니다	5-1 사회 2. 인권 존중과 정의로운 사회
	사형 제도는 부활해야 할까?	5-1 사회 2. 인권 존중과 정의로운 사회
	고요한 택시, 고요한 M	5-1 사회 2. 인권 존중과 정의로운 사회
	세계 최초로 달의 남극에 착륙한 인도	5-1 과학 3. 지구와 달의 운동
	다누리가 촬영한 달의 뒷면	5-1 과학 3. 태양계와 별
	유클리드 망원경이 우주로 날아가다	5-1 과학 3. 태양계와 별
	챗 GPT로 과제를 대필한 대학생들	5-2 국어 5. 여러 가지 매체
	초봄인데 39도라니!	5-2 과학 1. 생물과 환경
	생물종이 작아지고 인류세가 시작되다	5-2 과학 1. 생물과 환경
6학년	단돈 천 원으로 무엇을 살 수 있나요?	6-1 국어 4. 주장과 근거를 판단해요
	컴퓨터의 황제, 빌 게이츠	6-1 국어 9. 인물의 삶을 찾아서
	국민의 대표는 우리 손으로 뽑아요	6-1 사회 1. 우리나라의 정치 발전
	헌법을 공포한 제헌절이 언제인지 알고 있나요?	6-1 사회 1. 우리나라의 정치 발전
	서울이 외국의 영화나 드라마에 나온다고요?	6-1 사회 2. 우리나라의 경제 발전

매 vs 비둘기, 당신의 선택은?	6-1 사회 2. 우리나라의 경제 발전
천국의 김밥이 지옥의 김밥으로 변한 이유는?	6-1 사회 2. 우리나라의 경제 발전
일본 돈의 가치가 흔들흔들, 일본으로 여행을 떠나요!	6-1 사회 2. 우리나라의 경제 발전
거북선을 만든 이순신의 후예, 조선업 슈퍼 사이클 온다	6-1 사회 2. 우리나라의 경제 발전
수수하면서도 귀티나게, 올드머니룩이 뜬다	6-1 사회 2. 우리나라의 경제 발전
인도에 가뭄이 들면 탕후루 가격이 오른다?	6-1 사회 2. 우리나라의 경제 발전
IMF의 구제 금융 지원을 받으면 어떻게 되나요?	6-1 사회 2. 우리나라의 경제 발전
이봐, 해 봤어? 현대그룹 창업자 정주영	6-1 사회 2. 우리나라의 경제 발전
미래를 내다보는 눈, 삼성그룹 이건희	6-1 사회 2. 우리나라의 경제 발전
안 쓰는 전기 플러그는 꼭 뽑아 주세요	6-2 과학 1. 전기의 이용
영화보다 팝콘이 더 매력적이라면, '콩코드의 오류'를 떠올려요	6-2 국어 3. 타당한 근거로 글을 써요
한 발로 달리는 전동 킥보드, 아무나 타도 되는 걸까?	6-2 국어 3. 타당한 근거로 글을 써요
놀이공원 패스트트랙은 공정한 걸까?	6-2 국어 3. 타당한 근거로 글을 써요
초등학생도 의무적으로 시험을 봐야 한다고요!?!?	6-2 국어 5. 글에 담긴 생각과 비교해요
조리부터 배달에 이르기까지, 푸드테크는 대체 어디까지인가?	6-2 국어 6 정보와 표현 판단하기
미국에서 냉동 김밥이 불티나게 팔린다고?	6-2 사회 1. 세계 여러 나라의 자연과 문화
인도는 바라트, 터키는 튀르키예 나라 이름도 개명이 되나요?	6-2 사회 1. 세계 여러 나라의 자연과 문화
서울 하늘이 뚫렸다! 북한에서 날아온 무인기	6-2 사회 2. 통일 한국의 미래와 지구촌의 평화
지구 온난화가 가고 열대화 시대가 도래하다	6-2 사회 2. 통일 한국의 미래와 지구촌의 평화
뚜껑이 열리면 라벨이 떨어지는 페트병	6-2 사회 2. 통일 한국의 미래와 지구촌의 평화
플라스틱 빨대 대신 종이 빨대를 드립니다	6-2 사회 2. 통일 한국의 미래와 지구촌의 평화 (3) 지속가능한 지구촌
에베레스트에서 속속 발견되는 의문의 시신들	6-2 사회 2. 통일 한국의 미래와 지구촌의 평화 (3) 지속가능한 지구촌
유엔 안보리 비상임 이사국, 대한민국	6-2 사회 2. 통일 한국의 미래와 지구촌의 평화

부록 2. 초등 개정 교과 과정 필수 단어

ㄱ

가계 60
가늠하다 60
가뭄 186
가성비 178
가속화 160
가전제품 194
가중 128
가치관 48
가파르다 50
각광 174
간절하다 46
감안하다 178
감지 80
감축 182
강경 대응 142
개막 130
개명 208
개혁 92
객관적 202
격언 40
격추 210
결합 58
겸비 100
경각심 96
경감 122
경공업 190
경매 116
경보 78
경쟁 202
경쟁률 42
고령 인구 120
고심 120
고의 16
고조되다 220
고해상 152
골든 타임 78, 120
공감 214
공급 36
공산품 186

공언 116
공정 26, 156
공직 42
공휴일 172
과감하다 140
과시 184
과잉 38
과태료 216
관람 18
광풍 74
광활 154
괴짜 94
교권 98
교류 104
구별 54
구속력 220
구술 평가 158
구제 188
국가 부도 188
국격 100
국경일 172
국한 84
권고안 220
궤도선 152
귀감 190
규제 216
규탄 90
극심한 120
근검절약 103
근절 142
근접 210
글루텐 38
금지령 124
급증 84, 180
기대 수명 140
기반 118
기승 32
기여 148, 156
기여자 68
기하학 154

기호 식품 128

ㄴ·ㄷ·ㄹ

노골적 184
노년층 140
노동 시간 172
논리적 26
논쟁 76
다수 130
단기간 130
단호하다 176
대두되다 16
대들보 44
대립 76
대명사 118
대여 44
대중 28
대책 42
대체품 124
대출 176
덕담 56
도입 136
독려 110
독자적 190
둥지 54
드물다 204
등반 218
라벨 214

ㅁ

마니아 58
마실 64
마진 104
만년설 218
망명 92
매점매석 109
맹인 192
머쓱하다 64
멀티탭 194
면제 156

면허 198
멸종 위기종 70
명소 174
명시 76
명실상부 193
명예훼손 144
명절 56
모호하다 156
목수 58
무분별 198
무상제공 216
무역 112
문해력 46
물가 186
미지 154
밀집 82

ㅂ

반감 184
반려동물 66
반발 76
반환 70
발달 장애 24
발주량 182
방류 90
방심 40
방출 142
변상 18
병역 156
보급 168
보완 210
보편화 64
보행자 130
복귀 138
복원 14, 18
본격적 32
부과하다 86
부담 122
부작용 200
부정행위 76

부활 202
북새통 124
분리수거 214
분석적 26
분쇄 204
분출구 88
분해 216
분화 88
불경기 166
불매 124
불일치 136
불치병 80
불특정 다수 78
불합리 98
불황 60
비영리 단체 106
비용 150
비인도적 146
빅뱅 154
빈곤국 168
빈번하다 198
빙하기 162

ㅅ

사육사 70
사체 80
사회적 기업 24
상대적 박탈감 172
상류층 184
상쇄하다 212
상심 22
상용화 214
상주하다 78
상환 188
생계유지 60
생산량 36
생필품 102
서민 178
서비스 50
선고 146
선도 182
선망 184
선언하다 94

선의 24
선행 학습 74
선호 26
설립 168
설문 조사 56
성장세 50
성토 122
소극적 140
소득 104
소비 174
소수 130
소유권 106
소통 148
속임수 54
속출 198
손실 196
송금 114
송수신 152
수동 112
수요 36, 112
수익 116, 200
수입 206
수출 112
수해 68
수혜자 68
순직 14
숭고하다 14
스크립트 158
스타트업 132
스트리밍 44
승계 102
시도하다 150
시장 점유율 192
식감 38
식민지 208
신상 144
신제품 124
실감 206
실용적 26
실종 218
씁쓸하다 110

ㅇ

아웃도어 106
악영향 124
안보 220
안정 176
암묵적 64
암표 108
압박 166
애국 102
애플리케이션 148
야당 208
야유 100
양극화 184
양력 32
양육 66
어휘력 46
억제 216
엄벌주의 142
엔데믹 82
여당 208
여론 144
여파 188
역전승 40
역행 158
역효과 74
연공서열 43
연쇄적 188
연체료 44
열대화 212
열악하다 70
열풍 84
영공 210
영입 134
예방 146
예우 14
예의 20
예측 32
오류 196
오픈런 108
온실가스 194
외식 60
외환 보유고 188
우려하다 144

우후죽순 77
운집 82
운항 196
웃돈 124
워라밸 42
원자재 166
원조 96
위반 144
위상 206
위안 22
위축 176
유가족 14
유기농 106
유발 52
유언비어 17
유연하다 26
유일 62
유제품 112
유치하다 134, 174
유통 176
유포자 16
유학 28
유행 158
육성 134
육안 54
윤리학 131
윤택 102
음력 32
의문사 92
의존 60, 122
이민자 206
이익 200
이적 134
인건비 204
인권 20
인류세 162
인사 30
인위적 162
인지도 134
인터페이스 148
인파 98
인플레이션 56
인하 166

인화성 물질 78
임기 170
임대료 178
임무 152
입도세 86
입소문 206
입증 52

ㅈ

자괴감 22
자급률 38
자매결연 104
자발적 62
자부심 24
자선 재단 168
자영업자 186
자행 48
자회사 118
작황 160
잔재 30
장기화 122, 178
장수 140
장착 198
재개 82
재발 방지 98
재임 170
재테크 108
저렴 180
저축 110
저평가 116
저하 46
전망 50
절도 22
절약 194
점유율 118
점포 22
접목 58
정교하다 16
정상회의 208
정서 발달 202
정치 170
정황 88
제거 80

제공 204
제재 92
제정 158
조립 190
조선사 190
조소 작품 18
조카 56
종말 212
죄악 128
주권 170
주도 196
주체적 220
중공업 190
중독 96
증세 128
지불 196
지정하다 30
지질학 162
지칭 48
지표 152
지휘자 28
직거래 114
직구 180
진료비 66
진화 54
집착 52
징역형 146

ㅊ

차별 20
착륙 150
채식 48
청강 138
청산 30
체계적인 28
체류 174
초대회장 192
초래 166
초토화 88
촉구 160
촉진 38
총력 62
최고봉 218

추가 요금 200
추산 66
추세 66
추진 38
추진력 94
충원 182
취약 50
취업난 62
치열하다 120
친밀하다 132
침공 30
침범 210
침착되다 52
침해 128

ㅋ·ㅌ·ㅍ

컨퍼런스 132
크레이터 152
키오스크 204
타인 46
탄압 92
탐사 150
통화 가치 62
퇴장 20
퇴적층 162
퇴직 42
트롤리 130
특례 156
파견 84
파멸 96
파손 18
판로 104
판별 24
팬데믹 114
팽창 38
팽창 154
편견 68
평균 120
폐지 146
폐기물 86
폐해 90
포화 상태 90
폭염 160

폭우 160
플랫폼 132

ㅎ

학대 48
한정판 36
합리적 선택 196
해고 138
해수면 212
해체 114
해학 110
헌법 172
헌신적 28
혁신 138
혁혁하다 94
현미경 80
현상 46
현인 116
혐오 20, 110
협약 64
호감 206
호감도 134
호우 212
호출 148
혼동 136
화근 40
확대 64
확률 52
확산 204
환율 180
환차익 180
활화산 88
회복 98
회자되다 40
효과 136
후계자 192
훼손 86, 100
휴학 74, 168
흉기 146
희귀 자원 150
희석 90
희소성 36